集団による学びと個の発達をささえる
特別支援教育入門

市橋博子
戸田竜也

著

大月書店

はじめに

●本書の構成とコンセプト

　本書は，特別支援教育に携わる，あるいは関心のある若手の先生や学生を主な読者と想定して，学校現場の状況をイメージしやすいように教育実践をふんだんに盛りこんだ「特別支援教育を学ぶためのテキスト」です。一方，随所に学校現場の実際を踏まえた問題提起を行なっていますので，教職経験が長い先生方にも手に取っていただき，議論の俎上（そじょう）に載せていただくことを願うものです。

　「第Ⅰ部　〔実践例〕学び合い育ち合う子どもたち」を執筆した市橋博子さんは，公立の特別支援学校に勤務して28年目になるベテラン教師です。肢体不自由や知的障害の子どもを対象とする特別支援学校において，クラス担任のほか，教務主任や特別支援教育コーディネーターとして地域支援に携わるなど，幅広い経験を積んできました。また，近年では教員養成大学の非常勤講師として，教育実習生の指導や「教育課程」の授業を担当し，"将来の教師"を育てることにも携わっています。

　「第Ⅱ部　集団による学びと個の発達をささえる実践の創造」を執筆した筆者（戸田）は，教員養成大学に勤務し，全学生を対象とした「特別支援教育」の授業のほか，特別支援学校の教員免許取得に必要な専門科目を担当しています。さらに，高等支援学校のスクールカウンセラーや巡回相談員，就学先を決定するために教育委員会内に設けられた教育支援委員会の委員として，障害のある子どもや保護者，学校にかかわっています。

　第Ⅰ部では，市橋さんが実践者として取り組んだ，特別支援学校での教育実践の報告を中心にして，関連する問題提起を行なっています。一方，第Ⅱ部では，筆者の学校における臨床と関連づけながら，特別支援教育を概観するとともに，市橋実践を解説しています。

　本書で取り上げている学校種と子どもたちの実態には「大きな幅」があり

ます。第Ⅰ部は，知的障害の子どもたちを対象とした特別支援学校の内容が中心であり，医学モデルにおける「比較的障害の重い子どもたち」について述べています。一方，第Ⅱ部は，それらを含みつつ，職業学科がある高等支援学校のほか，小学校・中学校の通常学級や特別支援学級に在籍する「比較的障害の軽い子どもたち」をも念頭に，幅広く解説しています。

　本書のコンセプトとして，市橋実践を中心とした「比較的障害の重い子どもたち」にかかわる教育実践の紹介と解説に特化させることも選択肢の一つにありました。しかし，障害のある子どもたちの教育を広く見渡してみると，高等支援学校やそこに在籍する青年たちがかつて学んでいた小学校や中学校などを含めて「共通・通底する教育課題」があるのは明らかです。それを踏まえ，あえて複数の学校種と子どもの実態差を組み込んだ「幅」を持った書籍として刊行することにしました。

　本書は，読者には，ご自身の関心や教育実践に大きく「関係する内容」と，直接的には「関係しない内容」があると感じられるかもしれません。しかし，たとえば，第Ⅱ部「第4章　家族とのかかわり」において，小学校での対応事例を取り上げていますが，これは中学校や特別支援学校のケースに読み替え，応用していただくことができます。同様に，その他の内容についても，読者それぞれの関心や勤務する学校の実践と関連づけて，お読みいただけると幸いです。

●本書刊行の経緯

　本書の刊行は，筆者が特別支援教育に関する研究会において，市橋さんの実践報告に出会ったことがきっかけになりました。参加者と議論を交わし，市橋さんが報告した内容の検討を深めることを通して，この実践報告から学ぶことがたくさんありました。また，一人の教師として子どもや保護者と真摯に向き合い，同僚との協働を通して教育実践に取り組む市橋さんの姿勢に大きな感銘を受けました。

　その後，市橋さんが勤務する特別支援学校を訪ね，何度か教室に入らせていただき，クラスの様子や授業を参観する機会を得ました。いずれも仮名ですが，本書に登場していただいたしんいちさん，こうたさん，はるみさん，

ともこさんとも直接かかわり，同僚の先生方との「チーム」による複数クラス合同の授業も見せていただきました。本書第Ⅰ部に掲載された教育実践と子どもたちの姿が，特別支援学校の教室において真実として展開されていることを目の当たりにしました。

　市橋さんは，本書の「おわりに」において，第Ⅰ部に掲載した教育実践は，「何か特別なことをしているわけでもない」と記しています。実践者である教師としては，連綿と続く"日常"の一部ですので，その通りなのかもしれません。しかし，筆者がこの教育実践から学び，感銘を受けたことをあらためてふり返ると，「何か特別なことをしているわけでもない」ことのなかに，障害のある子どもの教育においてないがしろにしてはいけない，大切なことがたくさんあると考えています。

　障害のある子どもの教育において，大切にしなければならないこと。

　今日の学校現場では，市橋さんが紹介するような教育実践に取り組むことが難しくなっています。しかし，だからといって「諦められない……」という思いが，市橋さんと筆者にはあります。このような問題意識を特別支援教育にかかわる多くの人々と共有し，議論したいという筆者らのねがいが，書籍化を進める動機づけとなりました。

●「大切にしなければならないこと」とは

　本書の柱となる，障害のある子どもの教育において「大切にしなければならないこと」。ここでは3点に集約して簡潔に説明します。詳細な内容については，本書をご覧ください。

　一つは，学校現場における障害のある子どもの「理解」についてです。障害種別や障害特性のほか，心理検査の結果などが，障害のある子どもの理解を進める視点の一つであることはまちがいありません。一方，本書では，教師が子どもとのかかわりを通して捉える，一人ひとりのこころ（内面）のあり様が教育実践に取り組むうえでは大切と考え，それについて詳しく述べています。子どもの内面は，教師が意図的・能動的に捉えようとしなければ，把握することはできません。本書においてくり返し指摘していますが，可視化される子どもの言動・現象のみに焦点をあてた理解は，子どもの内面と教

師の理解にズレが生じる可能性があり，不適切な指導・支援を導くことがあります。さらに，「発達」という軸から子どもを理解し，教育実践を創造していくことの大切さについて述べています。

二つには，特別支援教育における「授業づくり」についてです。本書第Ⅰ部で紹介するように，知的障害の子どもを対象とした授業では，教師が子どもの実態や興味・関心に応じて教育内容や目標を検討し，単元構成や授業づくりを行ないます。学年ごとに決められた教科書や教師用の指導書がある小・中学校に比べると，授業づくりにおける教師の「裁量」が大きく，筆者らはこれを特別支援教育の魅力の一つと捉え，大切にしたいと考えています。しかし，授業づくりにおける裁量＝「授業の創造性」は，子ども一人ひとりのていねいな実態把握と十分な教材研究が前提となるため，多忙な学校現場において負担に感じられていることも事実です。本来の授業の目的である，文化を伝え人格を育てるという視点が欠落し，なんらかのトレーニング的なものが授業の中心として位置づけられかねない状況を危惧しています。

三つには，障害のある子どもの集団についてです。学校では，子ども一人ひとりに作成された「個別の教育支援計画」・「個別の指導計画」に記載される「個別目標」の達成が求められます。また，中央教育審議会（中教審）答申として出された「個別最適な学び」を実現するための「指導の個別化」「学習の個性化」の視点は，特別支援教育においても進められています。これらの事項は，集団による共同的な学びを否定するものではありません。しかし，個別目標の達成をめざすことや学習集団を構成する子どもの実態の多様さから，授業や学習方法などが「個別」の対応になりがちです。特に，「客観的」かつ「測定可能」な目標・評価が強調されるなかで，個別対応に拍車がかかっているように見えます。また，障害のある子どもが既存の集団（環境）へ一方的な適応を求められてきたことへの反省や同調圧力への批判から，集団的な取り組みを否定的に捉え，「個」を志向する状況もあるようです。

一方，本書第Ⅰ部の市橋実践が示しているのは，子ども同士のゆたかなかかわりのなかで，お互いに憧れの感情を育み，「ともに学びたい」とねがう子どもたちの姿です。一人ひとりの育ちによって集団的な学びが実現する一方，集団がそれぞれの学びや発達を保障している事実です。教育実践におい

ては，紆余曲折や個々の葛藤状態を含みつつ，集団によって一人ひとりが尊重され，個が育てられるという視点を大切にしなければならないと考えています。なお，急いで付け加えるならば，子どもの実態や状況によっては，個別的な学習が中心になる場合があるとともに，どんな集団でもよいということでもありません。子どもたちの学びや発達に適した「集団の質」が吟味され，そこでの取り組みの内容や参加のあり方なども同時に問われなければなりません。

　本書では，以上の3点のほかにも，保護者をはじめとした家族とのかかわりや同僚教師との協働性などについても，障害のある子どもの教育において「大切にしなければならないこと」として提起しています。なお，ここには，特別支援教育における制度上の課題も多く，学校や教師の取り組みによって解決策が見出しにくいものも少なくありません。しかし，教育実践の検討を通してあらためて課題を顕在化させることにより，多くの関係者との議論につなげたいと考えます。

●「インクルーシブ教育」をどう捉えるか

　2022年9月，国連障害者権利委員会は，障害者権利条約に沿った日本の施策の進捗状況について審査し，総括所見（勧告）を公表しました。

　筆者が購読している地方紙では，総括所見について「特別支援教育　中止求める」「国連権利委，日本に勧告」「障害のある子も同じ教室に」という大きな見出しを掲げて報道し，特別支援学校や特別支援学級における教育が国連によって否定されたと理解した家族や関係者もいました（「北海道新聞」2022年10月17日付）。

　総括所見では，障害者権利条約で示されたインクルーシブ教育を実現させるために，通常の学校の教育環境の抜本的改善を求めています。具体的には，通常の学校における障害のある子どもの受け入れのための準備不足やそのような認識を問題とし，合理的配慮提供の不十分さなどを指摘して，十分な予算措置を伴ったインクルーシブ教育に関する国家行動計画を策定するよう求めています。

　今日，自治体や学校において，障害のある子どもが通常学級で学ぶための

体制づくりが進められていますが，学校設置者や各学校の取り組みには限界があり，国が施策として条件整備をしていくことが不可欠です。

　一方，総括所見は，「分離特別教育」（外務省仮訳）の廃止に向け，国家行動計画の策定を求めています。河合隆平さんによれば，障害のある子どもの特別な教育の場への措置が，ただちに「障害を理由とする差別」に該当するものにはなりません。特別支援学校などでの教育が，障害者権利条約でいう「一般教育制度からの排除」ではなく，「障害のある人の事実上の平等を促進し又は達成するために必要な特定の措置」（障害者権利条約第5条）となるためには，そこでの特別な教育形態と教育課程が「学業面の発達及び社会性の発達を最大にする環境において，完全なインクルージョンという目標に合致する効果的で個別化された支援措置」（同第24条第2項（e））として整備されることが不可欠です（河合，2023）。

　本書第Ⅰ部で示す市橋実践は，「学業面の発達及び社会性の発達を最大にする環境」において，子どもたち一人ひとりが学び発達する主人公として，社会参加を実現するプロセスを着実に歩んでいることを示しています。その背景には，特別支援学校における学校環境や教育課程とともに，教師のねがいや意図によってつくられた子ども集団や，それを基盤として学び合う授業，そして学校生活全般が含まれます。

　本書が示す教育実践や問題提起が，ソーシャル・インクルージョンを展望し，「子どもの発達の必要に応じて特別な場での教育を受けることができる権利」を確保するための裏付けの一つとして，議論・検討されることを願っています。

桜満開の5月に
戸田 竜也

　＊本書で登場する子どもたちの名前はすべて仮名です。

第Ⅰ部

〔実践例〕

学び合い育ち合う子どもたち

市橋博子

1 初めての1年生

2012（平成24年）年に，それまで勤めていた肢体不自由の学校から初めて知的障害の学校に異動した私は，「小学部1年3組担任」となりました。初めての小学部1年生の担任でした。学級は男の子がしんいち君とこうた君の2名，女の子がはるみさんとともこさんの2名，計4名でした。この年はK養護学校小学部1年生に18名（うち2名は訪問学級）も入学した年でした。

4月1日に赴任してから入学式まで教室設営，就学前施設との引き継ぎ，入学式の準備など，目のまわるような忙しさでした。教室設営の仕方もこれまでの学校とは違います。机をどのように並べるか，時間割はどうやって表示するか……，他の学級の設営を横目で見ながら手探りの作業でした。他の学級の児童はほぼ全員が「自閉症」「発達障害」と診断されているなか，3組は自閉症，ダウン症，肢体不自由，知的障害と「これだけばらばらなのは珍しい」と言われる学級でした。

個性豊かな，バラエティに富んだ学級。どんな学級にしていこうかと考えながら次の3点の学級目標を立てました。

1：元気に楽しく学校に通う
2：学級の友だちと仲良くなる
3：いろいろなことにチャレンジする

12年間の学校生活の入り口となる1年生。お子さんも保護者も期待と不安でいっぱいの学校生活のスタートです。そんなお子さんやご家族に「学校って楽しいところだよ」というメッセージをこめた目標にしたつもりです。

1の「元気に楽しく学校に通う」は，生活の「基本」となることです。健康に過ごすために配慮が必要なこうた君，そして風邪をひくと長引きやすいはるみさんやともこさん，そして初めてづくしの学校生活に緊張しているしんいち君が「元気」に登校できるようにとの思いをこめました。

2の「学級の友だちと仲良くなる」は，どうしても「おとな」との関わり

が中心になってしまいがちなみんなが，「友だち」の存在を知り，少しでも仲良くなってほしいと思い考えました。全員が「コミュニケーション」になにかしらの課題がありましたが，特にこうた君のお母さんは「会話ができる（コミュニケーションがとれる）ようになってほしい」というねがいを持っていました。コミュニケーションは「相手」があって成立することです。自分の思いを伝える相手としての友だちの存在を知ってほしいと思ったのです。

3の「いろいろなことにチャレンジする」は，受け身ではなく，自分から物事に関わる力を持つようになってほしいと思って立てました。私たちおとなを含め，誰もが自信を持ってできること，好きなこと，得意なことには積極的に取り組めます。でもそうでないことにはちょっと躊躇してしまうことがあるかもしれません。学校で先生や友だちと一緒にいろいろな経験をたくさんして，自信を持ってできることを増やしてほしいと考えました。

個性豊かな3組の面々。「自閉症だから」「肢体不自由だから」と障がい別の個別指導を優先するのではなく，集団のなかで互いに影響し合う学級になってほしいと思いました。そうするためにも，「学級」を大切にしていきたいと思いました。

2　しんいち君のこと

しんいち君は，自閉症のお子さんです。でも，自閉症と聞いて一般的にイメージされるようなタイプとはちょっと違っていて，どちらかというとADHD傾向が強く出ているような印象を受けました（現在では，自閉症は自閉スペクトラム症と分類されていますが，この当時連続体という考え方はまだありませんでした）。入学後ひと月くらいは新しい環境に緊張していて表情も硬かったのですが，大好きなバスに乗っての登校，トランポリンやボール遊びなどをするなかで，学校が楽しい！　と思えるようになってからは，学校に来ることをとても楽しみにしていました。

しかし，しんいち君には「僕」のルールがあり，自分の意に沿わないことがあると大爆発することもありました。特に「勝つこと」「一番」が好きで，

運動会練習の団体リレーで負けたりすると顔を真っ赤にして怒り，ひっくり返って泣くこともありました。自分の意思を通そうとするので，「自分勝手」「わがまま」と思われてしまいがちなお子さんです。でも，正義感が強く，茶目っ気があり，そして何より優しいお子さんです。

教室まで走っていく途中でひょいっと校長室に入りこみ，ふかふかのソファで一休み。慌てて追いかけた私は「校長室に入っちゃった」「どうやって連れ出そう」と冷や冷やしてしまいます。でも，校長先生も飛びこんできたしんいち君に絵本を見せてくれたり，声が録音できるぬいぐるみを見せてくれたりしました。ひとしきり遊んで校長室を出る時には「やすませてくれてありがとう！」と校長先生にお礼が言えるしんいち君です。

しんいち君には，小さな甥っ子さんがいて，その甥っ子さんとこうた君を重ね合わせたのか，入学当初から「こうちゃんの面倒は僕が見る！」とばかりに車いすを押そうとしてくれたり，抱っこをしようとしてくれたりしました。でも，何か気になることがあると車いすを置いて行ってしまったり，右へ左へジグザグに押したり，抱っこをすると，こうた君の足はぶらぶらで今にも落としてしまいそうで，すべてを任せることはできませんでした。

●「書（描）く」ことが苦手なしんいち君

しんいち君は入学した時から，お話も上手で自分のやりたいことを伝えてくれるし，トランポリンもボール遊びもとても上手でした。でも，「書（描）く」ことは苦手でした。クレヨンで塗り絵やお絵かきをすると，クレヨンが折れるほどの力で塗っていました。水性ペンもペン先がつぶれるほど力いっぱい書きます。しかし，鉛筆は持ちたがらず，弱々しい線しか書くことができませんでした。「描きたい」思いはいっぱいあり，描きたいもののイメージがあるのに，うまくできずに怒ることもたびたびでした。

ボタンも，ファスナーも一人ではめられます。手の使い方は器用だと思っていただけに，「書く」ことに苦手意識があり，うまく書けないのはどうしてなのか。食事の時のスプーンはまだ下手握りです。またクレヨンの持ち方も，2〜3歳程度の「手指−回内握り」と言われる持ち方でした。この持ち方では，小さな〇を描いたり「文字」を書いたりするのは難しく，まだ，

「書く」ための手の動きが十分にできていないのだと判断しました。

　生活単元学習で七夕の学習をした時，ひこぼしさまの顔や短冊にねがい事がうまく描（書）けずに怒ってしまったしんいち君が，「〜を描（書）こう」「鉛筆を使ってみよう」という誘いをちょっと警戒するようになってしまいました。「やってみたい」「上手に書けるようになりたい」という思いはあっても，「やってみたい。でも……」「うまくできないのは嫌だ」という気持ちのほうが強くてちょっと尻込みしていたのです。

　こういう時は無理にやらないほうがいいと思い，「書く」ことを指導のメインにはせず，遊びや給食など好きな活動を通して手をたくさん使うようにしました。空き缶積みゲームは，一緒に学級を持っていた川田先生が考えたゲームです。「空き缶をたくさん高く積む」というだけのゲームですが，しんいち君はとても集中して取り組んでいました。空き缶は上も底も平らではないので，溝にはめるように積まなくてはなりません。「2個」積むのはすぐにできますが，3個，4個……と高く積むのは難しかったようです。最初は積み木を積むように置いていましたが，そのうち慎重に調整するようになりました。

　塗り絵やお絵かきでは，クレヨンが折れてもペン先がつぶれても「折らないようにね」と注意したり，正しい持ち方を指導したりせず，自由にとにかくたくさん書くようにしました。「虹色！」と言いながら全部の色を使うのがしんいち君流です。また，線つなぎや迷路もやってみました。どんな絵になるか予想しながら番号順に点をつないでいました。迷路は，行き止まりに当たったら「ワープ」することもありました。

　給食では「スプーン」を3本の指で持てるようになったらいいなと思いました。でも，本当はスプーンより，一つ年上のお兄ちゃんと同じように「箸」を使いたいしんいち君です。「しつけ箸」とスプーンと両方を使いました。給食の時に持ち方を見せて，「こうやって持ってごらん」「お兄さんの持ち方だね」と言いながら少しずつ取り組んでいきました。でも給食では「楽しく食べる」のが最も大事だと思っています。スプーンなどの「持ち方」を指導するあまり，給食が嫌になったり食べたくなくなったりしないように気をつけました。

●「書（描）きたい」気持ちを大切に

　一つ上のお兄ちゃんと「同じ」ように「大きくなりたい」という思いを強く持っていたしんいち君は，「こうなりたい」「こうしたい」という気持ちも強くありました。そうした思いが強くなるにつれ，「書（描）く」ことへの苦手意識よりも文字や絵への興味関心が高まり，「書（描）きたい」という気持ちが強くなっていったように思います。

　1年生の2月。新版K式検査をしている時，〇を描く課題で「お母さんを描きます！」と宣言。その時に赤鉛筆で描いたのが**図Ⅰ-1**です。その後，「市橋先生を描いてくれる？」とお願いすると，**図Ⅰ-2**を描いてくれました。これでいいかなとでもいうように慎重に描いたお母さんの絵に比べて，線が力強くなり，自信を持って描いているようにも見えます。眼鏡もしっかり描いてくれました。

　この後，書くことへの苦手意識がほんの少しだけなくなりました。ひらがなにも興味を持ち始め，ひらがな表を見ながら文字を書こうとするようになりました。そしてわからないことがあると，「どうやって書けばいいですか？」と聞いてくるようになったのです。

　しんいち君が「書（描）くこと」に苦手意識があった時に，「書（描）く」ことを学習の中心にしていたら，お母さんや私の顔を描くことがあったかなと考えることがあります。筆記用具を持つのも嫌になっていたかもしれません。しんいち君のなかに「書（描）きたい気持ち」「書（描）けるようになりたいという気持ち」「書（描）くための技術（手の動かし方）」など，さまざまな要件がそろったからこそ，「よし！　書（描）いてみよう！」と決意し，一つ階段

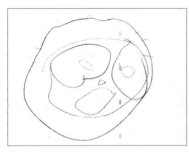

図Ⅰ-1　お母さん

図Ⅰ-2　市橋先生

を上がったのではないかと思うのです。

3　こうた君のこと

　こうた君は肢体不自由のお子さんです。就学前には病気で長期にわたって入院していました。入学当初，この病気については「寛解」といって，「病気の症状が一時的あるいは継続的に軽減した」という状態でした。治療過程の後遺症もあり，免疫力が低く，風邪をひきやすい状態でしたので，体調管理，衛生管理には配慮が必要でした。重複学級ですが，教育課程は基本的に同学年のほかの子どもと一緒で，少しだけ自立活動の割合を多くしていました。

　入学当時の身体，コミュニケーションの状況は次の通りでした。

★コミュニケーション……音声言語はなく，指さし中心（伝わらないことも多い）。名前を呼ぶと手を振る（上下），「Yes」では手をたたくことがある。

★姿勢……筋力がやや弱い。外反足で，膝裏・股関節にやや拘縮有り。内側に閉じる方向に緊張が強い，床面では割座。長座すると後ろに倒れる。

★移動手段…車いす（自走不可），PCW[1]（ただし，座りこんでしまう），後方からの両手支持歩行，床面ではバニーホッピング[2]と膝立ち歩き（横一方向のみ）。

　身長も1mにも満たなかったですし，体重も9kgほどの小さなお子さんでした。初めて抱っこした時，その軽さにびっくりしたのを覚えています。学校のトイレはそのままでは使えないため，ご家庭

★1　posture control walker の略。タイヤが4つ付いている歩行器で，前方のみへの移動が可能。ストッパーが付いていて，後方にはいかないようになっている。横のバーを持って歩行する。【写真】

★2　割座の姿勢から，お尻を浮かせて両手を前につき体重移動をして前方に進む。四つ這いのように足，手の交互の動きは見られない。

から補助便座を持ってきていただきました。寒さにも弱く，下校時に玄関でお母さんを待っているとすぐにブルブル震えるほどでした。

●いつも笑顔のこうた君

いつも笑顔を絶やさず，にこにこしていたこうた君。その笑顔はまわりを明るくしてくれるのですが，私は次のように捉えていました。

「いつもにこにこしているけれど，本当に楽しいのかなあ。自分がどうふるまえばまわりが喜んでくれるか知っているみたい……」

本当にこうた君は，人見知りをせず誰とも臆せずに接することのできるお子さんでした。また，同じクラスの友だちが泣いたり怒ったりしていても，それに影響されるようなこともありませんでした。1年生の1学期は給食もあまり食べず，「にこにこしながら口を開けない」という状況でした。にこにこはしているけれど，笑い声や声を聞くことはありませんでした。5月に家庭訪問に行った時，お母さんに「こうた君は泣いたり，怒ったりすることはあるのですか？」という質問をするくらい，笑顔しか見られないお子さんでした（「家ではよく泣きます」というお母さんの返事でした）。

「自分のふるまい方を知っている」というのは，肢体不自由のお子さんたちに多いような気がします。身体的な支援を受けなければならないお子さんたちは，どうふるまえば相手が喜んでくれるのかが経験的にわかっていているような気がするのです。こう書いてしまうと，こうた君の笑顔をネガティブに捉えているように思われるかもしれませんが，けっしてそうではありません。相手の期待に応えようとするのは，相手の意図を汲み取ることができるからではないでしょうか。

三木裕和先生は『人間を大切にする仕事——特別支援教育時代の教師・子ども論』（全国障害者問題研究会出版部，2008年）のなかで，重症心身障害児施設に地域の文化団体の方たちが訪れ交流をする時に，「どの子でもいいので，傍に座って遊んであげてください」と言うと，なんとなく「選ばれてしまう子どもたち」がいて，いくつか条件はあるけれど「笑顔のある子」と述べています。さらに，「大人からのはたらきかけがなくても，子どもの方から笑顔を向ける力。親しい人をみつけて『遊んでね』と目で訴える力は，生後四

カ月ごろに誕生すると言われます。医療的に重度であっても，この子どもたちは，『人からのはたらきかけ』を呼び寄せる力が強く，また大人も楽しんで関わるため，教育的な環境を自ら形成することができます」と書かれています。

　K養護学校にもたくさんの人が訪れます。介護等体験の学生さん，教育実習生，そして福祉関係の方たち。こうた君は，そういった方たちにも臆せずに「笑顔」を見せ，抱っこを要求します。「バイバイね」と言ってもしがみついて離れないこともありました。

　こうた君を見ていると，「誰からも愛される」──その言葉がぴったりだと思いましたが，一方でもっとわがままを言って自己主張をするようになってほしい──そう感じてもいました。

●**お母さんのねがい**

　入学後の家庭訪問で，お母さんはこうた君の現在，そして将来について次のような希望をおっしゃっていました。

【現在の希望】

・さまざまなことを経験させてほしい。

・自分から進んでやってみようという意欲を育てたい。

・自立歩行ができるようになってほしい。

【将来の希望】

・着替え，食事，排せつなど生活していくうえで最低限のことを自分でできるようになってほしい。

・会話ができるようになってほしい。

　一つ一つ，とても具体的でした。そのまま，「個別の教育支援計画」や「個別の指導計画」に，「自立歩行」に向けての目標や「コミュニケーション」のための目標をあげることもできますが，こうした「ねがい」の背景に，こうた君に「自分から外に向かう力」「自分から関わる力」が育ってほしいと

いうお母さんの思い，ねがいがあるのではないかと思いました。

●こうた君が初めて泣いた日

　運動会や学習発表会，校外体験学習など先生や友だちといろいろな経験を積み重ねていったこうた君は，次第に，表情も豊かになりました。１年生の３学期ごろからは，「不満，不機嫌，驚き」などの表情をはっきりと見せるようになりました。そんなある日，初めてこうた君が学校で「泣いた」のです。

　そのころのこうた君のブームは，友だちや先生を指さしてから誕生日などが書いてある顔写真を掲示したものを指さし，「○○君だね」「○○先生だね」と言ってもらうことでした。こうた君が友だちや先生を指さし，その後写真を指さし，先生の顔を見ます。「○○君だね」と言ってもらうと，満面の笑みを浮かべ，時には笑い声をあげることもありました。副担任の川田先生がお休みだったある日。給食には別の先生が来てくれました。その先生を指さし，掲示物のほうを見てそれがないことに気がついたこうた君は，指さしを途中でやめて「あ〜。」と声を出して私のほうを見ました。「○○先生の写真はないね」というやりとりを２〜３回くり返したでしょうか。あっという間に顔をゆがめて泣き出してしまいました。

　「あるべきものがない」と思ったのか，希望通りのやりとりができなかったからなのかは定かではありませんが，初めて見る泣き顔に新しいこうた君と出会ったような気がしました。

　この「初めて泣いた日」を境に，「喜怒哀楽」がよりはっきりしたこうた君。もちろんそれまでもこうた君のなかには喜怒哀楽の感情はあったのでしょうが，それをしっかりと出すようになりました。何より大きな変化は「不満」を全身で表現するようになったことです。不満がある時は膝立ちでピョンピョン跳ねたり，その場から逃げ出そうとしたりするようになりました。家ではうつぶせになって，ばたばたすることもあったそうですが，学校でもときどきうつぶせになり足をばたばたする様子が見られるようになりました。

　１年生の終わりごろから２年生にかけては，「自分から友だちに」関わろうとすることが増えました。まだ，おとながあいだに入る必要はありました

が，本やおもちゃを共有しながら，遊ぶ姿が見られるようになりました。積み木を積んで遊んでいたこうた君が，近くにいたはるみさんに積み木を渡して一緒に遊んだのもこのころです。その様子を動画に撮ってお母さんに見せると，「ああ，こうやってお友だちと遊べるんですね」とおっしゃっていました。

●「たたく」「物を投げる」が表現していること

　一方で「たたく」行動が見られるようになったのも1年生の終わりから2年生にかけてです。だいたいは先生の顔ですが，ぱちんぱちんと相手の顔をたたいてしまうこうた君。お母さんはとても気にされていましたが，「たたく」という行為だけを見るのではなく，その原因と発達段階に注目するようにしました。

　こうた君のなかには「伝えたい」思いがいっぱい詰まっています。でもそれを「伝える手段」がまだ少ないため，十分に伝えられずにいます。自分は伝えているのに，その意図を正しく相手に汲み取ってもらえないこともあります。「自分」がはっきりしてきて「今，僕がやりたいこと」があるのに，それを妨げられるのは大いに不満です。先生が「トイレへ行くよ」と言っても，「もっとミニカー遊びがしたい！」のです。「イヤ！」と言っているのに，ひょいっと抱っこされて"連れて行かれて"しまうこともあります。やりたいことも不満もわかってもらえないという思いを，「たたく」という行動で表現しているのかもしれません。

　また，発達段階的にもちょうど「イヤイヤ期」と言われる時期でした。給食でもトイレでもおとなから言われたことは，とりあえず一度は「イヤ」と言いたいのです。これらのことを踏まえつつ，こうた君の「表出」する力をつけるとともに，私たちもこうた君とやりとりする時の「感度」を高めなくてはと感じました。

　もう一つ「物を投げる」「落とす」「たたきつける」ということをよくしていました。給食でもスプーンもフォークもなんでもかんでも放り投げて，手づかみで食べてしまいます。時には机をガンガンとスプーンでたたくこともありました。こうした行動は定型発達のお子さんにも見られます。こうた君

の場合，発達段階が2歳前ということと，物を保持し続けることが難しいことや，スプーンなどを使ってみたいという気持ちはあるけれど，まだ道具をうまく扱えないというもどかしさから投げているとも考えられます。「ガンガン」と机をスプーンやフォークでたたく，そのこと自体が楽しいのかもしれません。

「人をたたく」のと同様，「物を投げる」という行為のみに焦点を向けるのではなく，発達段階にも注目しなければ，「注意してばかり」ということになってしまいます。

●できるようになったこと

その一方で，いろいろなことが「できるように」もなっていたこうた君です。

1年生の後半だったでしょうか。靴を履き替えるのに玄関の上がり框[かまち]に座っていたのですが，なんだかもそもそ動いているなあと思ったら「えいっ！」とばかりに立ち上がり，タタタッ！　と数歩歩いたのです。壁にぶつかりそうになり，慌てて止めましたが，ケラケラと笑い声をあげ，「やった！」という喜びにあふれているようでした。その後も座っては立って歩く──をくり返したのです。この時のこうた君の歩き方は，腕を高く上げる「ハイガードポジション」と言われる歩き方で，「勢い」で歩いている状態でした。入学してから後方からの手つなぎやPCWでの歩行，そして片手引き歩行，さらに独歩……と歩く力がついていきました。2年生になってからはPCWや独歩で方向転換がぎこちないながらできるようになりました。

片手引き歩行ができるということは，「片手」が自由になるということです。大好きなミニカーを床から拾い上げる，それを持って歩いたり膝立ち歩きをしたりして先生に渡すことで，「物を持つ（持ち続ける）」経験を積みました。そうしたなかで，ゲームで新聞紙に乗せた箱を引っぱってホールを1周する，お母さんと買い物に行って商品をレジの人に渡す，といったことができるようになっていったのです。

コミュニケーションでは，一つのものの指さしから，指さしを使いながら2〜4語文で自分の要求などを伝えられるようになりました。給食でおか

わりがしたい時に，「空の器」「配膳台」「先生」「自分」を指さしておかわり
を要求するようになったのです。

　人の顔をたたいてしまうことのあるこうた君。遊んでいる最中にトイレに
誘うなど，彼の意に沿わないことをするからなのですが，「ダメ」と注意さ
れると上着のすそをつまんでモジモジ……。申し訳なさそうに，頭をコチン
とぶつけてくると，ちょっと叱れなくなってしまいます……。

　2年間，ともに過ごすなかで，こうた君の「初めて」に数々立ち会うこと
ができました。初めて自分でスプーンを使ったこと，初めて自分でいすから
立ち上がり歩いた姿，そして初めて友だちと積み木遊びをする姿……。そし
て，「はじめます」のジェスチャーを覚え，何度も何度もくり返す姿に「ど
う？　僕できるんだよ!!」という彼の誇らしさを感じます。家でもしつこい
くらいに，くり返し「はじめます」をしていたそうです。

4　はるみさんのこと

●なかなか登校できなかったはるみさん

　「学校を楽しみにしているようでした」

　春休み中に目を通した，はるみさんの入学前の教育相談の記録にはそう書
かれていました。「学級の要になると思います」と，実際にはるみさんに会
った先生も言っていたので，はるみさんを中心にしながら学級をつくろうか
──と漠然と思っていました。

　しかし，学級発表（教室や靴箱の位置，担任の先生をあらかじめ確認するため
に春休み中に行なう）の日は来ませんでした。用事があったのかなと思いつつ，
学級と担任を知らせるために電話をすると，「風邪をひいたので入学式は欠
席します」とのことでした。せっかくの入学式なのに残念だなと思いました
が，風邪が治ったら，はるみさんも登校するだろう……そう思いました。し
かし，1週間，2週間たっても登校せず，4月はどんどん過ぎていってし
まいました。

　週に一度くらい家庭に電話をし，はるみさんの様子を聞きました。体調を

聞くと，

「まだ学校に行ける状態じゃない」

「体力が戻っていない」

「行けるようになったら連絡する」

「暖かくなったら登校する」

というお母さんのお話でした。でも運動会の練習が始まる6月になっても「はるみさんが登校する日」はなかなか来ませんでした。

登校しないままの家庭訪問で初めて会ったはるみさんは笑顔のかわいい，人懐こいお子さんでした。直接お母さんとお話をして，「学校へ通わせたい」思いはあることがわかりました。でも，体調のこと，家からバス停までの距離を歩けるかといった心配をしていました。そして登校しないまま1学期が終わってしまったのです。

●ご両親との懇談

そこで，2学期になる前，夏休み中に，ご両親とはるみさんに学校に来ていただいて，懇談を持つことにしました。

学校に来たはるみさんは，長い髪をきれいに縛ってもらっていました。とても元気そうで，1年3組の教室に初めて入るとすぐに自分の席に着き，机の自分の写真を指さしていました。「話をするから，川田先生とホールで遊んでいてね」と言いましたが，教室で過ごしたかったようで，そのまま席について懇談に参加しました。そのうち，教室にあった洗濯ばさみをかごから全部出したり，川田先生にぶつけたりするなどして遊び始めました。

お父さん，お母さんにとっては，はるみさんのこうした行動が「乱暴」と映るようでした。家庭訪問でも，私の眼鏡を取ろうとしたり髪を引っぱったり，ペンでいたずら書きをするのをお母さんが一生懸命止めていました。でも，棚から友だちのコップを持ち出した時に，「それはお友だちのものだからちょうだい」と言うと，すっと手渡してくれたのです。確かに「コミュニケーション」は未熟ですが，私の言ったことを受け止めてくれたのです。

自己主張が強いこと，他者と自分のあいだで自分の思いを調整する経験が少なかったこと，そして表出手段が少ないことが一見「不適切」に見えるコ

ミュニケーションになっているのではと思いました。懇談の後半はホールに出て川田先生とキーボードで遊んでいました。

　この懇談で，お父さんは「おしっこもうんこも自立していない，何もわからない子を学校にやっていいのか。できればもう少し家で見て（トイレが）できるようになってから学校にやったほうがいいのでは」とおっしゃっていました。同席していた教頭先生が「養護学校はそういうお子さんが通うところですから，なんの心配もなく送り出してください」と伝えてくれたこと，そして，はるみさんにとっては自宅からスクールバスのバス停まで歩くのが大変ということもあり，お父さんが出勤する時にはるみさんを送ってくることになったことから，「じゃあ，２学期から学校へ連れて行きます」と２学期の始業式からの登校が決まりました。

　はるみさんの登校にあたって，ほぼ初めて集団を経験することになるはるみさんへの配慮はもちろんですが，ほかの３人への配慮も考える必要がありました。１学期を終え，学校生活のリズムが整っている３人と，集団生活がほぼ初めてのはるみさんです。朝の身支度から，学習，給食準備などなど，はるみさんのできることを中心に，急がせることなくていねいに関わろうと思っていましたが，その分，ほかの３人の「先生！　遊んで！」「僕を見ていて！」という要求にすぐには応えられなくなるかもしれませんでした。

　「ちょっと待っていて」も時には必要ですが，我慢を強いることのないようにすること，そして４人それぞれが「仲間」として互いを意識できるようにと思いました。ほかの３人にとっても，学校の環境が変わることには変わりないので，当面は，学部付の先生に学級に入ってもらうことにしました。

●初めての登校
　２学期の始業式。はるみさんは８時にお父さんの車で元気に登校しました。かばんをロッカーにしまったり，連絡帳を準備したりいろいろやることはありますが，こちらからの提案は最低限に抑え，はるみさんがやりたい活動を尊重しながら，ゆっくり朝の準備をしました。

　始業式では最初の校歌を歌う時は席に着いていましたが，後は体育館を歩き始め，飽きたようだったので，一足先に教室に戻ることにしました。でも，

玄関ホールへ行った時，外へ行きたいと大泣きでした。通りかかった先生に，外に出た後の施錠と外をまわって教室の出入り口から教室に入るという，川田先生への伝言を頼みました。校舎をぐるっとまわりながら散歩をして，前庭に出る教室の入り口から教室に入ろうとしたのですが，その入り口には足場が組まれ，ブルーシートが貼られていました。ちょうど外壁工事の真っ最中だったのです。その工事の様子にびっくりし「イヤイヤ！」と前に進めなくなってしまったはるみさん。再び児童玄関に戻り，そこからなかに入りました。給食は，いすに座っていられないという話だったので，座卓を用意してみましたが，「見向きもしない」という感じでした。

初めての学校，初めての集団生活は，はるみさんにとって「自分のやりたいこと」と「教師やまわりの人がやってほしいこと」との大きなギャップの気づきでもあり，ほかの友だちのように日課に沿うことは難しいことでした。一度トランポリンに乗ったら「終わり」を告げられてもなかなか降りずに，次の活動への切り替えができません。授業では「泣いている」ことが多くありました。

また，ご両親が心配していた「対人関係」も，はるみさんは「ねえねえ」という感じで友だちの肩などをとんとんするのですが，力が強く「たたかれた！」という訴えもほかの児童からあり，「ねえねえ」と友だちに行くはるみさんを制止してしまうこともありました。

こう書くと，課題山積のように思えますが，そのなかでも「これは！」と思う芽もたくさんありました。

○音楽では，集団に背を向けながらも手拍子をし，そっとタンバリンを差し出すとそれをたたくことができました。
○寝転がっていてもクレヨンと紙を見せるとお絵かきをしようと手を伸ばし，それをきっかけに席についてみんなと勉強することができました。
○手洗いもとても嫌がりましたが，「ここ汚れているから洗おう」と言うと，自分で水を出し洗うことができました。
○褒めるとうれしそうに次々と給食準備を行なうことができました。
○友だちに関わろうとすることができました。

○誰もいなくなったらトランポリンから降りることができました。

　とにかく、「何かをさせよう、させなくては」ではなく、はるみさんをそのまま受け止めることにしました。立ち歩いても、無理に座らせようとすることは止めました。音楽でも体育でも"座っている"ことが目的ではないはずです。

　就学前の療育機関に一定通っていたお子さんたちとは異なり、何もかもが「初」体験であるはるみさんにとって、私たちが言うこと、見せる物は訳のわからないものだったのではないでしょうか。

　一日に１回、学年の授業に出られたらいい、無理に活動に引きこまない……ということを１年生の先生たちに伝え、理解してもらいました。１週目より２週目、２週目より３週目——というようにはるみさんも徐々に学校に慣れ、みんなと一緒に授業に出て楽しめるようになっていきました。

●だんだん「学校」が生活の一部になる

　登校するようになり、はるみさんはとても成長しています。「今までやっていなかった」からというのもありますが、学級の友だちの様子を見て「自分もやってみよう」という気持ちが生まれています。友だちと同じようにはできなくても、友だちのやっていることは自分もやりたいのです。これは、おとなとの１対１の関係ではなしえなかったことだと思います。

　８時に登校して９時過ぎに他の児童が登校するまでのあいだ、たっぷりはるみさんと向き合う時間をとれたこともとてもよかったと思っています。授業時間であれば、「この時間、これを学ばせよう」とか、「この目標を達成させなくては」というような「しがらみ」があります。でも、授業時間ではないですし、友だちもまだ登校していませんから、とにかくはるみさんのペースでやりたいことがたっぷりとでき、そしてゆったりと関わることができたのです。何かをさせるのではない、はるみさんのやりたいことに私がのるところから始め、そこから「連絡帳ちょうだい」「かばんをロッカーに入れてね」と少しずつ提案するようにしました。廊下を歩いていて、非常ベルを鳴らしてしまう——という失敗もありましたが。

そうした日々が2か月ほど続いたころでしょうか。登校後，いつものようにホールに出たはるみさんが，ブロックを並べ始めました。「体つくり」の授業では，みんなでブロックを一列に並べ，そのまわりを走ります。不明瞭な言葉でしたが，「これから，体つくりを始めます」とジェスチャーつきであいさつをし，体操をしてブロックのまわりを走り始めました。教室では，黒板の前にいすを持ってきて，本を私のほうへ向けて開き「読み聞かせ」をすることもありました。本は逆さまですが，「私が先生！」というように，朝の会そっくりにまねをするはるみさん。ほかの友だちが登校するまでの時間を自由にのびのびと過ごしつつ，はるみさんにとって「学校」が生活の一部になり，授業で取り組んだことを思い出したり，「先生」のやることを「私もやってみたい！」と思ったりしているのかなと思いました。

　ともこさんは，毎朝「健康観察カード」を保健室に届けに行くのがお仕事でした。はるみさんが登校するようになってから，「1年生3組，みんな元気です！」と養護教諭の先生に伝えてくれます。はるみさんの登校で，1年3組全員であらためてスタートがきれた，そんな気がしていました。

●風邪からリズムを崩して

　この後，ずっと登校した──となればいいのですが，なかなかそうはいきませんでした。1年生の8月の登校から学習発表会まで順調に登校できていたはるみさんですが，11月に風邪をひいてからリズムが崩れてしまい，12月の登校は4日でした。本人が学校に行きたがらない──というのが理由です。朝，お父さんが車に誘っても「バイバイ」したり，玄関から出よう（出そう）とすると，激しく泣いてしまうそうです。原因としては「寒さ」，そして「路面の悪さ」が考えられます。それまでの6年間，冬期に家から出ることはほとんどなかったこと，慎重で怖がりな性格から，足元の悪い状況では外に出たがらないというのはあると思います。また，やはり家庭での「自由な生活」は，本人にとってかなり魅力的なのだと思いました。

　しかし，お母さんも「なんとか学校に出したい」という思いはあり，「気温が少し上がってからタクシーで連れて行きたい」という話もありました。実際にはお父さんが仕事を抜けて登校し，タクシーで帰宅したこともありました。

欠席が続くと，週に1回家庭訪問をしてお母さんと話をしますが，登校できていないことに罪の意識を感じているようで，「どうしてこんなになっちゃったんだろう」と言うのです。

　登校時間についても本来は8時50分ですが，はるみさんは，お父さんの出勤時間にあわせて8時ごろに登校するので，お父さんは「本当は（登校時間は）まだなんでしょ」と，申し訳なさそうに言います。こうしたケースでは，「家庭がもう少しがんばらなくては」と言う人もいますが，それだけでは解決できないことがあると思っています。「家庭がやって当たり前」ではないのです。それぞれの家庭にそれぞれの事情があります。学校が，行政が，福祉ができること，できないことは確かにありますが，大切なのは家族の大変さに寄り添いつつ，はるみさんを中心に考えることではないでしょうか。「お母さんが悪いんじゃないよ。お母さんのせいじゃないよ」ということを伝えながら，はるみさんの学校生活を支えていく必要性を感じました。

5　ともこさんのこと

　ともこさんは，目のくりっとした，とてもかわいらしい女の子です。「1年生になる」ことをとても楽しみにしていて，入学式の朝は誰よりも早く手を引かれて学校にやってきました。新しいピンクのお洋服，二つにきれいに縛ってもらった髪の毛。家族全員がともこさんの入学を楽しみにしていたことがわかりました。入学式もその後の記念撮影でも，静かにいすに座っていた姿が印象的でした。

　ともこさんは，就学前年の11月ごろから療育に通い始めたそうですが，体調不良による欠席が多く，集団で過ごす経験が少なかったお子さんです。ともこさんのことで，ご家族にはさまざまな心配事があるのですが，その心配事はまわりの人には伝わりにくく，理解されにくかったようです。ご家族の思いとずれが生じてしまい，「外に出しにくい，それなら家庭で過ごさせたほうが」——という思いがあったようです。「家にいても困らない。家でおとなしく過ごしていられる」というのがともこさんでした。

●友だちとの関わり方がわからないともこさん

　入学後の様子を見ていると，身体の動かし方がちょっとぎくしゃくしていて，階段を下りることをとても怖がっていました。転びやすく，けがをしたこともあります。風邪をひくと長引いてしまって1～2週間お休みしてしまうこともありました。ご家族のともこさんへの心配や思いをしっかりと受け止め，学校に安心して送り出してもらえるように心がけました。

　入学式では静かに座っていたともこさんですが，だんだん本領を発揮？し，本来の明るくおしゃべりな姿を見せるようになりました。学校も大好き，友だちも大好き。お客さんも大好きで，楽しいことがある日は朝からず～～っとおしゃべりが止まらないともこさんです。

　でも，友だちとはどう関わってよいかわからないようでした。かまってほしくてついつい「ばか」「しね」「あっちいけ」「でぶ」「うんこ食べる？」などと言ってしまうこともあります。また，「見て～」と言いながら，こうた君の頭をペチペチたたいてしまうこともありました。そしてこうた君のお母さんに「こうちゃんのあたまたたいたの」と「報告」します。「あ～，言わないで～」という私の思いなどどこ吹く風です。

　友だちの大切にしているものを投げたり隠したりして，友だちが怒ったり，先生に叱られたり注意されたりすることが「自分への関わり」と思っているようでした。「そんなことを言っては（しては）いけません」と諭せば諭すほど，自分の殻に閉じこもり，そうした行為はどんどんエスカレートします。ともこさん自身も引っこみがつかなくなるのか，注意されればされるほど頑(かたく)なになっていくのでした。

●ともこさんのねがい

　「そんなこと言ってはいけません」ではなく，「一緒に本を読もうか」だったり，「このおもちゃ貸してほしいの？」と，ともこさんの気持ちを想像して言い直すようにしました。言い直したことがあっているのかどうかはわかりません。でもぱっと思ったことを口に出してしまい，叱られると引っこみがきかなくなっているともこさんにとっては，言葉を引っこめるきっかけにはなっていたのかなと思うのです。たたいてしまうような行動は事前に止め

るようにしました。

　すぐにこうした言動がなくなったわけではありません。愛情がたくさんほしくて，これだけ関わってもらえたら「満足」ということがないともこさん。でも，「関わりたい」という自分の「ねがい」をしっかり持っているんだと捉えるようにしました。

　ともこさんは，「学校」という社会のなかで人との関係を深め，人に対する憧れを培っていきました。国語の課題別の授業で，しんいち君が「書く」お勉強をしていると，じ〜っとそれを見つめています。「ともこさんもやりたいの？」と聞くと「やりたい」と答え，ホワイトボードにたくさんの線を書いて「これ！」と見せてくれた，その姿はとても満足気でした。しんいち君がブロックやミニカーで遊び始めると，自分もそばに行って同じものを使って遊び始めます。また，こうた君とはるみさんの積み木遊びを見て，自分も隣に積み木でタワーを作ったこともありました。

　友だちがやっている勉強を自分もしたい，友だちが遊んでいるおもちゃでも遊びたいのです。それをするのは自分には難しくても，友だちの姿を見て「ああなりたい」「ああしたい」という憧れを持つようになったのではないかと思うのです。

6　友だちと育つ　〜僕たち親友〜

●こうた君の転校

　なかなか全員がそろわなかった1年3組。4人学級ですが，登校しているのはしんいち君とこうた君だけ，時にはどちらか1人しか登校しない——ということもありました。一人一人を大切にしつつ，友だち同士の関わり，学び合いを大切にしたいと思っていたのですが，2人ではそれも難しく，どのように学級経営をしていこうかと悩んでいましたが，男の子2人は互いの存在を認め合い，着々と「友情」を育んでいました。

　当時，勤務校のある地域では肢体不自由の児童が日常的に「訓練」を受ける場がありませんでした。これも札幌から異動して驚いたことの一つです。

入学した時に，こうた君のお母さんに「訓練はどこに通っていますか？」と聞いたところ，「子どもの訓練をする場がないので，5月にA市の療育センターに行きます」という返事でした。療育センターとは，A市にある肢体不自由児者総合療育センターのことです。ここに母子訓練入院を2〜3週間するということでした。自宅からA市までは260kmほど離れています。訓練を受けるためにそんなに遠くまで行かなくてはならないのです。療育センターに入院しているあいだは療育センターの付属の養護学校へ転校することになりました。

　1年生の6月。K養護学校の運動会練習の時期に，A市へ行くことになったこうた君。転校する前の日の帰りの会で，こうた君の転校の話をしました。A市に勉強しに行くこと，そしてK養護学校に戻ってくる日を伝えました。A市に行っているあいだも，朝の会ではこうた君の名前を呼び，「A養護学校でがんばっています！」と伝えていました。

　こうた君がいなくても，ふだん通りの生活を送っているように見えたしんいち君だったのですが，帰ってくる前の週の週末に思い出したように，「ねえ，こうた君はいつ来るの？」と聞いたのです。私としては，しんいち君は，「しばらくK養護学校には来ない。でも戻ってくる」ことはわかっていると思っていたのですが，しんいち君にとって「転校」というのは難しくてよくわからないことで，「なんだかこうちゃんのお休み長いなあ」くらいに思っていたようです。もっとしっかり伝えてあげればよかったなと思いました。

　1年生の秋にはこうた君の2回目の転校が決まりました。春の時と同じように，帰りの会で「こうた君が，転校します」と話したところ，しんいち君が「え〜〜〜!!」と大きな声を出して号泣したのです。春の様子から，それほど大きなリアクションが返ってくるとは思っていなかったので，号泣するしんいち君に私もびっくりしてしまいました。「○月○日に戻ってくるんだよ」と説明しましたが，それも耳に入らないようでした。こうた君の転校はしんいち君にとって「寝耳に水」であり，かなりショックだったようです。家に帰ってからもお母さんに「こうちゃんがいなくなる」と話をしたそうです。連絡帳には「寝言でこうた君の名前を言っていました」と書かれていました。

２年生の春，３度目の転校です。また泣いてしまうかな……と思っていました。でも，この時はじっと前を向いて，ポロリポロリと静かに涙を流していました。声を出して泣くことはしないけれど，ぐっとつらい気持ちに耐えているしんいち君の姿があったのです。

　そして２年生の秋。この時は転校前の最後の登校の日，こうた君が早退することになっていました。転校の話をしても，それまでの３回とは異なり，表情を変えずに聞いているようでした。給食後，一人だけ先に帰る支度をすることになったこうた君はとても不機嫌でした。ちょうど昼休みでビデオを見ているのにこうた君が怒って声を出すので，しんいち君が「聞こえないんですけど……」と言うほどでした。見送りもしなかったですし，こちらが拍子抜けするほど，そっけない様子だったので，「短期間の転校」が，しんいち君にもわかったのかなと思っていました。

　でも，こうた君が帰ってくる前の週くらいから，昼休みに「一人」で児童生徒玄関へ行きたがるようになりました。「先生と一緒」ではなく「僕一人で行く」と言うのです。最初は，雪が降っている様子を見たいのかなと思いました。でも，しんいち君が一人で玄関にいたら，ほかの先生たちは心配して教室に連れていこうとするかもしれません。そこで，ホワイトボードにイラストで戻る時間と，「このじかんまでそとをみています」と書いたものを持たせました。時にはタイマーを持たせたこともありました。玄関の時計とイラストの時計を見比べて，しっかりと時間になったら戻ってきたしんいち君ですが，どうして一人で行きたいのか，その理由がよくわからずにいました。

　そんななか，ついにこうた君が帰ってくることになりました。転校前のそっけなさとは打って変わって，こうた君の登校の朝，待ち切れずにそわそわし，「まだ？」と何度も聞くしんいち君。一緒に玄関で出迎えてくれました。こうた君の車いすを押し，一緒に教室に入ると，「こうちゃんがいないあいだのこと教える！」とロッカーから教材をたくさん出してきて説明を始めました。「これも見て！」と，ケースにいっぱい入っているビー玉を出そうとして教室中にばらまくほどでした。そして，「こうちゃん，カルタしよう！」と言ってカルタをはじめたのです。こうた君は文字が読めませんが，しんい

ち君がちゃんと「いい？　これだからね」と，取る札をこうた君の前に置い
たり手渡したりしていました。「おかえり！　帰ってきてくれてうれし
い！」という気持ちを全身で表していたしんいち君。

　ふと気がつくと，こうた君が戻ってきた日を境に「一人で玄関」へ行くこ
とがなくなりました。もしかしたら，しんいち君はこうた君がいない寂しさ
を紛らわすために玄関へ行っていたのかもしれません。また，「もしかした
ら，こうちゃん，帰ってくるんじゃないかなあ」という思いで外を眺めてい
たのかもしれません。2年間，4回の「友だちの転校」を通して，しんいち
君にとってこうた君の存在がかけがえのない大切なものになっているという
ことを感じました。

●お手紙

　2人のエピソードをもう一つ。それはしんいち君からこうた君への「お手
紙」です。

　2年生の5月。連休明けからこうた君が体調を崩して休む日が続きました。
2日，3日，そして1週間，2週間と休みが続きます。転校の時は，「こう
た君はいつ来るの？」というしんいち君の問いに「〇月〇日から学校に来る
よ」とはっきりした日時を伝えることができましたが，今回はそうはいきま
せん。「いつ来るの!?」という質問に，「いつかなあ。元気になったら来るよ。
早く学校に来るといいねぇ」とあいまいに答えるしかありませんでした。

　こうた君がいなくて寂しい日が続いたある日，しんいち君が「先生，こう
ちゃんに電話して！」と言ってきたのです。『早く学校に来て』ってこうち
ゃんに電話して！」と言うしんいち君。「こうた君は寝ているかもしれない
よ。放課後，先生が電話してみるね」と伝えましたが，納得できません。電
話する，しないと何度かくり返した後に，「じゃあ，しんいち君からこうた
君にお手紙を書いたらいいんじゃない？」と提案してみました。う〜ん……
と考えこんだしんいち君。

　しんいち君はまだ文字が書けません。「書きたい」気持ちはあるのですが
まだ上手に書けないので，イライラすることもありました。文字じゃなくて
絵でもいいんだよ——そう伝えると書いてみようという気持ちになったよう

です。クレヨンを出してきて，写真を見ながらこうた君の顔を描きました（図Ⅰ-3）。

この年の2月に，私とお母さんを描いた時は，紙いっぱいに勢いよく大きな顔を描きましたが（本書18ページ，図Ⅰ-1・2），この時は慎重にゆっくり描いていました。「虹色」にするのではなく，

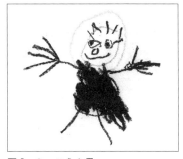

図Ⅰ-3　こうた君

顔，髪の毛，洋服ときちんと色を選んで描いたのです。手本にした写真のこうた君と同じく，青のトレーナーに黒の袖なしのパーカーを着ています。青色を塗ってから黒を重ねて塗りました。わかりにくいですが，顔のまわりには黄色の線で囲っています。これは袖なしのパーカーのフードの黄色い裏地を表現しているのです。大きな瞳，そして手には5本の指がしっかりと描かれていました。紙の裏には「こうちゃん，はやくげんきになってね」というメッセージを私が書きました。本当はこうた君の自宅へ送ろうと思っていたのですが，翌日からこうた君が登校できることになったので，しんいち君から直接渡すことにしました。

こうた君の登校を一緒に出迎えて，手紙を渡すとこうた君はすぐにお母さんに手渡しました。その手紙を見たこうた君のお母さんが一言「わあ，ぐっときちゃうね」。この言葉としんいち君のこうた君への優しい思いに，私も「ぐっと」きてしまいました。

●こうた君にとってのしんいち君

しんいち君にとって，こうた君は大好きな親友です。では，こうた君にとってはどうだったのでしょうか。

おとなとの関わりのなかでは，発声や指さし，表情や態度などで自分の要求を伝えることがありました。でも，しんいち君との関係では，「自分から」しんいち君に関わることはあまりありませんでした。これは，こうた君が「友だちを意識していなかった」のではありません。こうた君はしんいち君のことをよくじ～っと見つめたり，「あ～」と言いながら指をさしたり，し

んいち君が使っているブロックに手を伸ばすことがありました。「穴が開く
ほど見つめる」という言葉がありますが，本当に穴が開いてしまいそうなく
らい見つめているのです。「こうちゃん，そんなに見ていたらしんいち君に
穴が開いちゃうよ」と言ってしまうほどでした。

　授業中，しんいち君は楽しくなるといろいろなパフォーマンスをしてくれ
ます。飛んだり跳ねたり，時には好きなテレビ番組のキャラクターになって，
四つ這いで移動しながら何を聞かれても「ガブ！」としか答えないこともあ
りました。そんなしんいち君のことをじ～っと見つめるこうた君。その表情
を見ていると，「楽しいの？」と聞いているようでもあり，「楽しいね」と気
持ちを共有しているようでもありました。

　2年生に進級する前の春休み。学級編制はそのままに教室が変わりまし
た。学級発表にお父さん，お母さんと一緒に来たこうた君は，新しい教室の
ロッカーに貼られている友だちの写真を何度も何度も指さします。でも一番
指さしていたのはしんいち君の顔写真でした。しんいち君の写真を指さした
後，私を見ます。「しんいち君だね」と言うと，今度は自分を指さします。
「僕！」と私が言うと，声を出して笑います。「しんいち君」と「僕」を何度
も確認するこうた君。時にはお父さんを見て同じように確認することもあり
ました。まるで，「僕の友だちだよ！」と伝えているようでした。こうた君
の学校生活に，しんいち君はとても大きな存在なんだとあらためて思いまし
た。

7　学級のなかま

●バラバラに散っていく子どもたち

　しんいち君とこうた君，2人の友情を軸に4人がまとまればいいなと思
っていましたが，なかなかそううまくはいきませんでした。4人がそろい，
そしてみんなが学校生活に慣れてくると，子どもたちの様子にも変化が出て
きました。それまで「初めて」取り組む学習には緊張感いっぱいだったのが，
少し余裕が出てきたようでした。学年の授業でも，授業を進める先生の投げ

かけに応じられるようになってきたのです。

　でも，一方で自分のやることに先生から手を出されることを嫌がるように
なりました。「書く」学習を行なう時など，「手を添えて」一緒に書くことが
ありますが，「自分でやる！」とばかりに手を振りほどくようにすることが
ありました。それでも手を添えようとすると，「もうやらない！」と手を隠
してしまうことも。そして，「自分の課題」より「友だちの課題」をやりた
がるのです。一人一人に合わせて，「せっかく個別に課題を用意している」
のに，「隣の芝生は青く見える」のか，「〇〇君と同じことをやりたい」のか，
たとえその友だちの課題が自分には難しすぎても，そっちがやりたい！　と
いうことがありました。

　給食を取りに行けば，ワゴンを放り出して走り出します。一人だけでなく，
こうた君以外は全員が走り出す——しかもバラバラの方向へ——といったこ
ともありました。「〇〇をしよう」という提案に，「ヤダ！」の大合唱が起き
たこともあります。「今日はこれをしよう」と思っていたこちらの予定や計
画はガラガラと崩れてしまいます。せっかく準備したことができなかったり，
忙しい時に限って「追いかけっこ」が始まったりすると，「もう！」とイラ
イラしてしまうこともありました。

　それぞれ遊んでいたはずなのに，いつの間にか喧嘩が始まります。おもち
ゃの貸し借りから，自分のものをさわった，さわらないといった喧嘩。そし
て「ば〜か」「うんこ食べる」というともこさんの言葉に，しんいち君が「そ
んなこと言うな！」と怒ります。ともこさんがこうた君にちょっかいを出す
のも，しんいち君の怒りに火をつけます。しんいち君が怒り始めると，それ
がおもしろくなってしまい，ともこさんの行動はさらにエスカレート，誰か
が怒ったり泣いたりしていると，はるみさんは下を向いてじ〜っとしていま
す。顔を覗きこむと，口をぎゅっと結んで目にいっぱい涙をためています。
「はるちゃん」と声をかけると，せきを切ったように泣き出します。「ともこ
さんが泣かしたんだ！」とさらに怒るしんいち君……。教室のなかはにぎや
かどころか，「騒々しい」と言ってもいいほどです。

　なんだか，学級にまとまりがないなあ，バラバラなんじゃないかな……。
何が悪いんだろうと思う毎日でした。

●「困った行動」から視点を変えてみる

　おとなを困らせるような行動が見られるようになると，その行動にばかり目が行き，結果的にマイナスの面ばかり目につくようになってしまいます。「（こんな行動は）前はしなかったのに」「何が悪いんだろう」「私が悪いのかな」と自分の接し方を反省するならまだいいのですが，「こういう行動をしてしまう子なんだから仕方ない」とか「障害特性だから仕方ないんだ」と子どもに責任を押しつけてしまうようなこともあります。確かに，「せっかく用意した」教材に目を向けてくれなかったり，わざとおとなが困るような行動をされたりすると，もう！　どうしてそんなことをするの!?　とイライラしてしまいます。私も，「あ〜あ，せっかく楽しんでくれると思って準備したのにできなかった」とか，「あまり困らせないでほしいな」と思ったこともあります。

　でも行動一つ一つを気にして「困った行動」だと思うのはやめようと思いました。その行動に「プラスの面」が含まれていないのか——というように「視点を変えてみる」ことにしたのです。

　「友だちの課題をやりたがる姿」は「まわりによく目を向けられるようになった」と捉えるようにしました。友だちのまねもそうです。自分と先生との関係が中心だったのが，友だちに目を向けられるようになり，「なんだかおもしろそう」なことをしているから「自分もやってみたい」と思うようになったのかもしれません。友だちがやっていることが格好よく見えるから，自分もやりたいのです。それは友だちへの「憧れ」なのかもしれません。できなくても自分でやりたいのは，「できる—できない」に価値を見出しているのではなく，「自分でやる」ことに自分で価値を見出し，それを満足させたいと思っているからかもしれません。

　こうしたことが本当にあっているかどうかは別として，用意した課題を取り組まない子どもに対して「せっかく個別に課題を用意しているのに」と思ってしまうことがあります。特に手をかけ，時間をかけて準備をした課題，教材に子どもたちが目もくれないと，がっかりして「あ〜あ，あんなに苦労して作ったのに」と思うこともあります。でもそう思ってしまうと，用意した課題をなんとしてでも「やらせよう」としてしまいます。「これをやらな

いと遊べません」と言ってしまうかもしれません。あの楽しいことができないなら……と「仕方なく」課題に取り組む子どもに「意欲」や「楽しさ」はありません。「やらされている」ので，つまらなさそうだし，なんとなくやっている姿を見ると私もなんだか嫌な気分になってしまいます。

　私たちは「やらされてやる」子どもを育てたいのではないはずです。自ら考え取り組むことのできる子どもになってほしかったはずです。「せっかく用意したのに」と思うのは「おとなの勝手」であり，それを押しつけられる子どもたちは「そんなの知〜らない」「だって，違うことがやりたいんだもん」と思っているかもしれません。

　突然走り出すのも，ただただ「追いかけてもらう」のがおもしろいからです。おとなのちょっと困っている姿が楽しいのです。子どもには「おとなが困ることが楽しい」と思う時期があるのかもしれません。おとなだけではありません。「友だち」を困らせるのもちょっと「楽しく」思えるのです。

● 「市橋先生！　箱ください！」

　とはいえ，「バラバラな感じ」のする学級は一触即発といった雰囲気でした。特に，はるみさんが友だちと接する時の，強引さや力の強さはしんいち君にとってはストレスとなっていました。

　しんいち君の家庭でも１年生の時に引っ越しがあり，自分より小さな甥っ子や姪っ子と一緒の生活が始まりました。「物がなくなる」ことが苦手なしんいち君は，新しくなった布団に「前のは捨てちゃったの？」と悲しくなって泣いたり，小さな甥っ子たちに対して「お兄ちゃん」を意識するあまり，ちょっと「がんばりすぎ」な日が続いていました。

　ともこさんはとても口が達者です。１学期もしんいち君が作ったブロックを壊したり，本を隠したり，嫌がることをわざとしたり言ったりして，しんいち君を怒らせ，先生に注意されるのを楽しむことがありました。そこにはるみさんが加わったのです。はるみさんに「言葉」で言い負かされることはありませんが，自由奔放なはるみさんにタジタジのしんいち君。目がきゅっとつり上がってストレスをためていることがわかりました。

　できるだけ，しんいち君がやりたい活動を保障するようにして気分転換が

できるようにしていたのですが，こういう時に限って十分な時間がとれないのです。やっていることを邪魔されたり，作っていたブロックを壊されたり……。そういう日々が続くうちに，自分の側にはるみさんが来ただけでたたいてしまうこともありました……。

　そんなある日，しんいち君が突然こう言いました。

　「市橋先生，箱ください！」

　「？？？？？」

　よくよく聞いてみると，その「箱」というのは，隣のクラスの子が使っている「箱（ついたて）」のことでした。そのお子さんは音楽の時など，段ボールで作った空間のなかで授業を受けていました。どうやら，しんいち君はその「『箱』がほしい」と言ったようでした。はるみさんからもともこさんからも離れ，自分だけの空間がほしい——それが「箱ください」だったのだと思います。「箱」があれば，誰も入ってこない，自分を守ってくれる——と思ったのかもしれません。

　ただ，「さえぎるためだけ」の「ついたて」は作りたくありませんでした。せっかく「4人」がそろい始めた学級で，ついたてを作り，朝の会や生活単元学習，国語や算数でしんいち君が「ついたて」に入ってしまうと，互いへの意識がなくなってしまうのではないかと思ったのです。

　学校は，先生から「勉強」を教えてもらうだけのところではありません。「友だち」との関わりのなかで，「先生」から学べないことを学ぶ場でもあると思うのです。先生に言われてやるのは嫌だけれど，友だちが誘うならやってみようとか，ちょっと難しそうで躊躇してしまうようなことにも，友だちがやっていたら「やってみよう」と思えるようになってほしい。だから，集団としての「学級」を大切にしたいと思っていたのです。それが，「ついたて」にしんいち君が入ってしまうと，友だち同士の関係が生まれにくくなるのではと思ったのです。そこで，「段ボールハウス」を作ることにしました。

　川田先生に段ボールハウスの作成を頼みました。川田先生が作ってくれた段ボールハウスはとても大きく，2〜3人が一度に入れました。しんいち君は，そのなかに入り，扉を閉め自分の時間を過ごすようになりました。大きな段ボールハウスなので，ほかの子も興味津々です。みんな入ってみたい

のですが，しんいち君が一人で使えるように，その時間はほかの遊びに誘ったりするようにしました。でも，そのうちしんいち君は「こうた君は入っていいよ」と友だちを招き入れるようになりました。こうた君となら一緒に遊べる──と思ったのかもしれません。

　仲良しの2人。2人のあいだに通ずるものがあるのか，「狭いところは好きじゃない」と言われていたこうた君も，しんいち君に誘われるとゆっくりと入っていくようになりました。こうた君にとってもしんいち君は学校生活のなかで大きな存在であり，気になる存在です。そのしんいち君が誘ってくれるなら，入ってみようかな。そう思って段ボールハウスのなかへ一歩を踏み出したのかもしれません。登校してきたこうた君にしんいち君が「箱で遊ぼう！」と声をかけることもありました。はるみさんのおかげで？　男同士のつながりはさらに強くなったようです。

　この，段ボールハウスは思わぬ効果がありました。こうた君が入るようになると，ともこさんもなかに入りたくなったのです。段ボールハウスの前でモジモジしていましたが，先生と一緒に「い〜れ〜て！」と言うと，「いいよ」と言ってくれたしんいち君。そうなると，はるみさんも一緒に入りたくなります。でも，さすがに4人一緒には入れませんでした。「じゃあこうしたら」と言って，マットを出してきたのはしんいち君です。先生と一緒に入り口の前にマットを三角に立て，「トンネル」を作ってそこに1人が入り，4人で遊ぶ様子が見られるようになりました。ままごとなどをして遊ぶ，というわけではありません。狭い空間に体を寄せ合って友だちといること自体が楽しいようでした。おとながあいだに入りながら友だちとの遊びを展開させることがありますが，この学級での段ボール遊びでは私も川田先生もあいだに入ることはほとんどありませんでした。「4人の世界」がそこで展開されていたのです。

　4人での遊びが行なわれるようになったころから，しんいち君の友だちへのストレスもちょっと減ってきたようでした。給食の準備を始める時に，なかなかやろうとしないはるみさんにしんいち君がエプロンを渡したり，はるみさんが，ともこさんにエプロンを渡したりする様子が見られるようになりました。ともこさんは，こうた君の給食セットをロッカーから出してきてく

れることもありました。2時間目が終わったところでエプロンを出してきて，「まだ早いよ〜」と笑ってしまうこともありましたが。私たちが「給食準備しよう」と言ってもなかなか動かなかったはるみさんが，しんいち君にエプロンを渡されると，床に座りこんでいてもすっと立ち上がってエプロンをつけようとする姿がありました。そしてこうした様子を見ていたともこさんも，はるみさんやしんいち君にエプロンを渡すようになったのです。

　それまでは，4人のなかに「先生」の存在がとても大きかったように思います。先生を介してのやりとりがほとんどでしたが，先生を介さず直接何かをしようとする姿が出てきました。

8　ともに学ぶ，集団で学ぶ　〜「国語・算数」の授業から〜

●「集団での学び」にこだわった「読み聞かせ」

　学級で行なう授業の一つに「国語・算数」があります。ここでは「集団での学び」にこだわりました。

　国語・算数ではどうしても個別課題の個別学習で1時間が終わってしまいがちです。教室（空間）は同じだけれど，学習内容は個別に設定されている。学習に関する実態が幅広いので，こうした学習スタイルも「あり」ですが，「個別ありき」ではなく，「ともに勉強できることはないか」「一緒に行なったほうが，より学びが深まることはないか」を考えました。

　最初は，個別課題であってもそれぞれの児童が互いに何をしているかがわかるような座席配置にしました。「寺子屋形式」というのでしょうか，しんいち君と勉強しているあいだ，他の児童は自分で行なえる課題をし，しんいち君との学習が終わったらともこさんと……というようにしました。川田先生には，個別で取り組む子たちのサポートをしてもらいました。

　いわゆる「場の共有」を行なっていたのです。これはこれで，ほかの子が褒められていたら自分も褒められようとがんばり，課題の内容が自分には難しくてもほかの子がやっているなら自分もやってみたいという，「ほかの人への憧れ」が芽生えてきました。

しかし，「場の共有」だけではなく，「学び」も共有できないかと考え，授業の最初に「読み聞かせ」を行なうことにしました。それまでも，朝の会などで読み聞かせを行なっていましたが，読んで終わりではなく，もっと発展させたいと思ったのです。同じ教材を用いつつ，それぞれの目標を変える，「同一教材異目標」で授業を行なうことにしたのです。

　絵本の選択では次の点に留意しました。

①挿絵が親しみやすいこと

　文字が読めなくても，絵本を楽しむことはできます。そのためにも，子どもたちにとってすてきだなと思えるような絵本を——と思っています。

②ストーリーにくり返しがあること

　「くり返し」があると，「あ，次もこうなるのかな？」という「見通し」を持つようになります。また，「あ，またあの言葉が出てくるのかな」という「期待感」を持つことができるようになります。「今」だけでなく，ちょっと先に自分の気持ちを向けられるようになるといいなあと思いました。

③擬音語が多いこと

　擬音語は，リズム，テンポがいいこと，自分たちの身近な「音」を表わしていることから子どもたちにとって親しみやすく，まねをして口にすることがしやすいのではないかと思ったからです。

　また，その作品にこめられた，作者の思いや意図も理解すること，ほかの作品についても，可能な限り調べるようにしています。事前に読む練習をして読みにくいところを確認したり，間の取り方，抑揚のつけかたを考えたりして，子どもたちが読み聞かせを楽しめるようにしました。次第に読み聞かせに合わせて身体を動かしたり，絵本のなかに出てくる言葉をまねしたりすることが増えてきました。

● 「みんなで行進！」

　『ももんちゃんし〜』（とよたかずひこ／さく・え，童心社，2013年）という絵本を読んだ時のことです。

ももんちゃんの友だちがにぎやかに行進していると，ももんちゃんが「し〜！」と言います。この指に口をあてての「し〜！」を，たちまち子どもたちはまねをします。読むほうもわざと，「ももんちゃんが」で言葉を止めると，「し〜！」と全員が自分なりに表現します。そのあと，ももんちゃんの友だちは「ぬきあしさしあし」で歩き始めるのですが，ある日，その場面でしんいち君がふっと立ちあがって「ぬきあしさしあし」で歩き始めたのです。それを見たともこさんもしんいち君の後ろを「ぬきあしさしあし」で歩き……。こうた君も車いすのステップで片足をトントン……。車いすから降りて先生に支えてもらいながら，しんいち君を先頭にして，「ぬきあしさしあし」で教室をぐるぐると行進をしました。みんなで「ももんちゃんし〜！」を演じているようでした。

　「国語」というと，「書く」ことに学習内容（目標）が偏りがちです。「書く」についても，「文字が書ける」といった技能的なことに着目されがちなように思います。文字学習を否定しているのではなく，もっと大きな視点（伝える手段としての「文字」かどうか）を持ちたいなと思います。また「読む」「聞く・話す」についてももっとよく考えられるべきではないかと思っています。

●誰が出てくるかな？　「とんとんとん」

　『とんとんとん』（あきやまただし／作・絵，金の星社，1997年）を選んだのは，友だちのかずきくんから「あそびにきて」と招待を受けた女の子が，遊びに行く，という設定がいいなと思ったこと，女の子がかずき君の家に向かうとたくさんの色とりどりのドアがあるのですが，かずき君の家がどこかがわかりません。いろいろなドアを「とんとんとん」とノックしても，出てくるのはかばさんやうさぎさんたちです。「今度は誰が（何が）現れるか」という期待感，かずき君の家に行けるのか——というドキドキ感も感じられる絵本だからです。そして，本を閉じるその瞬間まで楽しめるような工夫がされています。

　1回目はふつうに読み聞かせをしましたが，2回目からは「とんとんとん」に合わせて，黒板や机をノックしました。しんいち君はすぐに自分も机や壁をノック。それを見たともこさん，はるみさんもしんいち君のまねであ

ちこちをノック。こうた君は車いすの肘かけをちょっと控えめに，とんとんとんとしていました。

　この絵本には３段階の楽しみ方があると，カバーの折り返しで紹介されています。

　レベル１　だまってよむ！
　レベル２　"とんとんとん"と声に出して読む
　レベル３　絵本のドアに"とんとんとん"とノックしながら読む！

　「こういうふうに読んで楽しんでくれたらいいなあ」という作者の思いがこめられているように思います。

　私が，ノックをしながら「とんとんとん」と読むので，しんいち君，ともこさん，はるみさんも声に出すようになりました。こうた君に絵本を差し出すと，そこを「とんとんとん」します。楽しくなってくると，本が倒れそうになるくらい力強くノックしていました。

　物語のなかで，思いがけず怪物に驚かされた女の子は，次のドアをノックする時，少しためらい，「とん……とん……とん……」と遠慮がちにたたきます。「弱めにたたいてね」と言ったわけではありませんが，それぞれ自分たちなりにたたき方に変化をつけるようになりました。

　「さあ，ここで『とんとんとん』と言いましょう」
　「一緒にノックしてみましょう」
　「〇色のドアから出てくるのは誰ですか？」
　「国語の授業」となると，こうした内容を「指導」したくなります。でも子どもたちは互いが感じた楽しさを感じ合い，そして互いに高め合うかのように，「とんとんとん」と言い，ノックし，そしてわくわくし，ドアから出てくる怪物に驚き，笑っていました。

●進化系「とんとんとん」

　この絵本では，算数で学習していた「色」の学習もできなるのでは？　と思いました。当時，色名がわかり，正確に区別することができたのはしんいち君でした。ともこさん，はるみさんは「同じ色」ごとにカードを分類することはできましたが，「何色？」の質問には全部「ピンク！」（大好きな色）と

答え，「〇色はどれ？」の質問に答えることはできませんでした。こうた君は，黄色が好きなようでしたが，「色ごとに分類する」「〇色はどれ？」の質問の意味がわかっていないようでした。色の学習は，後述する「タイムアタック」でも行なっていましたが，絵本に描かれている「ドアの色」と結びつけられないかと考えました。

　また，アパートの全体の絵から「かずき君の家の隣は～」と考えることもできると思いました。「全体からの推察」もしんいち君ならできるのでは？と考えました。しかし，実際にやってみると，子どもたちにはイマイチでした。しんいち君は，かずき君の家のドアは〇色というのがわかっているので，ドアの色を見てすぐに答えてしまいます。また，「この色のドアは何色？」「このドアと同じ色はどれ？」と質問することで，読み聞かせが中断され，「あ～楽しかった」という「余韻」に浸る時間がなくなってしまい，どうも楽しそうではなくなってしまいました。

　そこで，絵本のストーリーを大切にして少しだけ変化を加えた内容にしようと考えました。ドアを作り，実際にノックして，なかから誰かが出てくる。絵本にない色も使い，話の流れのなかで色を意識できればいい──。そう考え授業を作り直すことにしました。

　ちょうど教育実習生が来ることになっていました。実習生のM先生の研究授業を「国語・算数」のこの絵本ですることにしました。実習期間は2週間しかないのに，教材研究をして指導案を作って教材を作って……。M先生は大忙しでしたが，毎日いろいろな話をしながら授業を作りました。「ドアのなかから川田先生や佐藤先生が出てきたらおもしろいかも」「ぬいぐるみを置いておいたらどうかな？」……M先生もたくさんのアイデアを出してくれました。

　授業研究の後，学年や学部の先生を含めて反省会が行なわれました。そこで「4人での授業をどうやってやるのかと思っていた。無理だと思っていたけれどこういうやり方があるのだと思った」「『とんとんとん』は知っている絵本だったけれど，こういう使い方があるんだと思った」という感想が同じ学年の先生たちから寄せられました。

　私自身が小さいころから「本の虫」と言われるほど本好きだったせいか，

とにかく，みんなには「本」に親しみ，楽しんでほしいと思っています。登場人物と自分を重ね合わせたり，絵本のなかに出てくる食べ物に心躍らせたり……。そんな経験をしてほしいと思っています。また，時間がある時に「本を読もうかな」と思ったり，休日の過ごし方の選択肢の一つに図書館へ行くことや書店めぐりが入るといいなあと思っています。

●「タイムアタック！」

国語での「ともに学ぶ」スタイルはできましたが，難しかったのが算数でした。そんなある日，村上公也先生の実践に出会ったのです。たまたま近くに講演にいらしたようで，聴きに行った先生が「おもしろい！」と言っていたのです。早速，『キミヤーズの教材・教具──知的好奇心を引き出す』（村上公也・赤木和重／編著，クリエイツかもがわ，2011年）を取り寄せました。実は，以前，赤木和重先生の講演を聴いた時に，村上公也先生の話題が出ていたので村上先生のことは初めてではなかったのですが，すっかり頭の隅に追いやられていました。

その村上先生の実践のなかに，「ローテーションカード」というものがあったのです。これはフラッシュカードのようなもので，学級の子どもたちが，先生がめくるカードに書かれてある問題を次々に答えていきます。それにかかる時間を毎回はかるのです。村上先生の学級も，学習の力はそれぞれ異なります。そこで，一人一人に合わせたカードを準備し，その子どもに合った課題を解くようにしていたのです。こういう工夫をすれば算数も一緒にできるかも──。そう思って，準備してみました。

しんいち君には一桁の足し算（**写真A**）。ほかの3人は色の識別と数を数える課題（**写真B**）にしました。色は一緒ですが，数は，こうた君とはるみさんは5以下，ともこさんは9までの数にしました。

かかった時間を記録するグラフも用意しました。こういう「記録」をめざすようなことが大好きなしんいち君は，

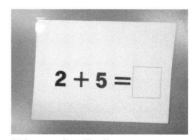

写真A　一桁の足し算

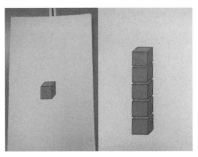

写真B　色の識別と数を数える課題

写真C　色カード

とても意欲的です。言葉で答えることが難しいこうた君とはるみさんは，答える時に手元に色カード（**写真C**）を置き，指さしで答えるようにしました。ともこさんは「あか」と「あお」を言いまちがえることがあったので，まちがえた時は色カードを指さしてから一緒に「あか」「あお」と答えるようにしました。また，数を数える課題でもこうた君，はるみさんとともこさんの答え方を変えました。こうた君とはるみさんは「1，2，3……」という先生の言葉かけに合わせて指さしするようにしたのです。

　この「タイムアタック」を行なうことで，集団で算数の学習ができるようになりました。記録更新に価値を見出しているのはしんいち君だけでしたが，こうた君もともこさんもはるみさんも，しんいち君に引っぱられるように，自分の問題を答えるようになったのです。

　「集団」か「個」か。授業を行なう時に悩ましい問題ですが，どちらも大切な「学びの形」だと思います。でも，実態差が大きい集団の場合，どうしても「集団学習は無理」という先入観があるように思います。1時間いっぱいは無理でも，「一部」ならどうか，「同じ教材を使って，一人一人に合わせた学びはできないか」など，工夫することはできるのではないでしょうか。最初から「集団での授業は無理」と思うのではなく，少しでも「できる部分はないか」を探りたいと思っています。

9 しんいち君のエピソード

●「僕のルール」

　しんいち君を見ていると，「僕のルール」があり，時にそのことがしんいち君自身を苦しめていると感じることがありました。「一番」「勝つこと」への強いこだわりがあるしんいち君にとって，「スクールバスから『一番』に降りる」こと，朝の会で「一番」に名前を呼んでもらうことが譲れないルールなのです。それが叶わなかった時は不機嫌になり，その気持ちを引きずったまま一日を過ごすこともありました。「こうあらねばならない」，ここで言えば「僕がバスから一番に降りなければならない」という思いにがんじがらめになり，それが叶わなかった時に「まあいいか」と思える気持ちの余裕がないように見えました。

　勝敗のあるゲームをする時もそうです。しんいち君にとっては「勝たねばならない」のです。学級，学年のなかでも運動する力もお話しする力もあるので，「個人戦」では「一番」になれます。でも「団体戦」はそうはいきません。当然ながら「勝つこともあれば負けることもある」のです。運動会の団体リレーの練習で，しんいち君は負けるたびに，「なんでだよ！」と怒り，大きな声をあげて泣き出します。悔しくて，紅白帽をたたきつけたり，靴を投げつけ靴下のまま教室へ帰ろうとしたりしたこともありました。体育でも遊びの指導でも生活単元学習でも，「勝ち負けがある」ゲームをする時は「どうか負けませんように……」と心のなかで思っていました。

　一番や勝つことへのこだわりがあるお子さんはたくさんいます。「勝ち負けは関係ない。一生懸命やればいいんだよ」と伝えたり，悔しい気持ちに寄り添いつつ「負けても，怒らない」「次，がんばろうね」とイラストで説明したりしました。でも，しんいち君にとっては「次，がんばろう」は慰めにも励ましにもなっていないようでした。だって，「今」勝ちたかったのですから……。同じゲームを2回やる時は，1勝1敗になるようにチームの出走順を変えたり，ゆっくり，時間がかかるお子さんのスタートやゴールの位置を変えたりしたこともありました。

しんいち君は「自分でこうしたい」というイメージがある時は，あれこれ言われるのが嫌です。工作でもお絵かきでも，自分が作りたいもの，書きたいものがあればそれを押し通します。運筆の学習などで右から左に線を書くので「こっちから書いて」と言って，正しく書かせようとすると「こっち（右）からでいい」と頑として自分のやり方を曲げようとはしません。お絵かきではすべての色を塗り重ねてしまうので，一色ずつ使わせようとすると，「全部使う！」と言って先生の近くのクレヨンの箱をぐいっと自分の手元に引き寄せようとします。その拍子に，クレヨンが落ちて折れてしまったことがありました。「あ～～～!!!　市橋先生のせいだ！」と激しく怒るしんいち君。時にはクレヨンを投げつけてきたこともありました。

　こうしたことがあると，しんいち君は家でお母さんにこう言います。「市橋先生や川田先生に命令された！」と。お母さんは，「でもね，先生たちはしんいち君のことを思って言ってくれているんだよ」と説明してくれるのですが，「いや，命令された。俺はもう嫌だ」と言うのです。

　しんいち君にはしんいち君の思いがあります。でも，相手にも相手の思いがある——ということ，自分の思いとは違う思いの相手とどう「調整」するかということはまだ難しいのです。こうた君と遊びたい——と思えば，こうた君も自分と遊びたいと思っているようでした。こうた君にその気がなく，先生に「こうちゃんは今，違う遊びがしたいようだよ」と言われても，ちょっと強引に誘ってしまいます。「しかたないなあ」というように付き合っているのはこうた君です。自分の「こうしたい」という思いがいつも相手に届くとは限りません。特に友だち同士の関わりのなかでは，自分の思いと相手の思いがぶつかってしまうことがあります。

　遊びの指導などでは，一つの遊具を順番で使うことがあります。待つためのベンチが準備され，「10数えたら交代ね」とタイマーやタイムログなどで交代を知らされます。すっと交代できる子もいれば，そうでない子もいます。大好きな遊具はみんな少しでも長く遊びたいのです。

　ついつい順番を守らなかったりした友だちに，「あ～！　抜かした！」と大きな声を出すこともありました。また，少しでも長く遊びたいので，「終わりだよ」という先生の声や，タイマーの音を「ちょっと聞こえなかった」

ふうを装うしんいち君。でも，ほかの友だちがすぐに交代しないと怒ってしまうのです。歌では「替え歌」を楽しむお子さんがいます。先生の名前を入れたり，「うんこ」など「そんなことを言ってはいけません」というような言葉を入れて歌を楽しむ友だち。でもしんいち君にはそれが許せません。「ちがう！　歌うな！」と言いますが，しんいち君がそう言えば言うほど，歌ってしまう友だちもいて，ついつい物を投げつけようとしたり，手が出てしまいそうになったりすることもありました。

　こうした行動をすると，「乱暴な子」「わがままな子」「困った子」と思われるのではないでしょうか。でも，しんいち君にはしんいち君なりの「正当な」思いがあって，それを貫き通しているだけなのです。「怒った」「泣いた」「投げた」「たたいた」という行動の派手さに目を奪われ，「しんいち君なりの正当な思い」を受け止めずに，その行動だけを怒ってしまいがちです。そして，「乱暴な子」「困った子」というようなレッテルが貼られてしまうと，「しんいち君の良さ」に気がつけなくなるのではないでしょうか。

　しんいち君にとっては「勝つか負けるか」はとっても大切なことなのです。負けるととてつもなく「悔しい」のです。それを「負けても怒らない」「次がんばろうね」と言って「泣かないように」「怒らないように」と指導するのは，その「悔しい気持ち」「残念な気持ち」にふたをしてしまうことであり，「おとなの身勝手」なのではないでしょうか。「泣かれると，そのあと始末をつけるのが大変だな，面倒だな」という思いが，私たちおとなの気持ちのどこかに潜んではいないでしょうか。

●**自分の気持ちと相手の気持ちとの折り合い**

　友だちとぶつかることのあるしんいち君です。でも，友だちへの思いも人一倍強いのです。先のこうた君の転校のエピソードもそうですが，1年生の1学期にこんなことがありました。

　教育相談に一つ年下の女の子が来校しました。1年3組の朝の会の様子を教室の後ろで見学をしようとしていたのですが，しんいち君はすかさず「ここだよ」と言ってみんなのなかに入れてあげました。はるみさんはまだ登校していない時期でしたが，その女の子にしんいち君は「はるみさん？

ねえ，はるみさんなの？」と声をかけたのです。同じ学級なのにまだ会ったことのない友だちへの思いを，しっかりと持っていてくれるんだなと思いました。

　2年生になると，隣の学級の友だちと一緒に勉強する機会が増えましたが，しんいち君と同じように「一番」がいいお子さんがいて，ちょこちょこトラブルが起きていました。教室移動の時など，互いに「一番」に教室を出ようとしてぶつかった，ぶつからない，どっちが先だ——とひともめ，ふたもめすることがあり，しんいち君の勢いに，「ちょっと苦手……」となってしまった子もいました。1組の担任の佐藤先生と相談して，教室を出るタイミングをずらすようにしてみましたが，これは「とりあえずトラブルを事前に防ぐ」ためのものであり，根本的な解決ではないと思っていました。

　そんなある日，その友だちの体調がとても悪いことがありました。体調が悪いといつもは気にならないことが気になってしまい，ふだん以上にぶつかり合うかもしれない——という心配がありました。どうしようかなと思った時，ふと思いついてホワイトボードノートと気持ちカードを使って次のように話をしてみました。

　「今日，○○君とっても調子が悪いんだって。しんいち君も調子が悪いことがあるでしょ？　もしかしたらしんいち君が気になること，替え歌とか嫌なことをやってしまうかもしれない。嫌だなあと思うことがあるかもしれないけれど，今日はいつもはこれくらいのハートだけれど，今日はこれくらいのハートでいてほしいなあ」と，小さいハートと大きいハートを描いて話をしてみました。思いつきでやったことですし，うまくいくかどうかはまったくわかりませんでしたが，しんいち君は「わかった」と言ってくれたのです。

　その日，しんいち君はあいさつ当番でした。でも，その友だちもあいさつ当番がしたくなったのです。すると，しんいち君が「今日は○○ちゃんが休みだから一緒にやっていいよ」と言い，一緒に当番をしてくれたのです。下校後，1組の担任の佐藤先生が言ってくれました。「今日は，しんいち君に助けられた」と。

　それまで，自分と相手とのあいだで気持ちの調整や折り合いをつけることができずに怒ることがあったしんいち君です。自分の気持ちも強いですし，

相手の気持ちも強いので，ぶつかった時の衝撃が大きくなってしまっていたのかもしれません。でも，この一件を境に少しだけ相手に譲歩できることも増えてきたのです。

●プールと気持ちの立て直し

　しんいち君は「水遊び」が大好きです。手を洗っていたはずなのにいつの間にか手洗い場の前に座りこんで，石鹸の泡と水で遊んでいることもありました。だから，2学期から始まるプール学習はとても楽しみにしていたのです。K市は真夏でも気温が25℃を超える日はそう多くありません。本当はもっとたくさんプールに入りたいのですが，全校児童生徒が使う関係もあり，入れるのはせいぜい5回程度です。

　今日はプール学習という日の朝，しんいち君のお母さんから電話がありました。「咳がひどいようならプールは入らないでください。納得できないようなら，お電話ください。迎えに行きます」ということでした。

　「咳が出たら，プールには入りません」ということは，お母さんからも言われていたようで，登校したしんいち君は咳をするたびに私の顔をうかがうように見ます。そして「大丈夫？」と聞かれるたびに「大丈夫」「つばが入っただけ」と言ったり，咳を出さないように無理にこらえ，余計に咳きこんだりしていました。今日のプールはどうしようかと悩みながら，しんいち君の体調を見ていました。プールに入れたらいいなと思ったのですが，朝から昼にかけだんだん咳はひどくなっていきます。入れないとわかったら怒って泣いちゃうだろうな，それなら早く上がるようにして，短時間でもプールに入ろうか……そんなことを思っていましたが，給食中に激しく咳きこみ始めてしまいました。「あ〜，これでは無理だな」と思い，そこでプールに入らない判断をしました。

　「しんいち君，今日はプールやめよう」そう告げたとたんに大号泣するしんいち君。「ごめんなさい」「プールは入れない〜〜〜〜〜！」と大声をあげながら涙をぽろぽろとこぼしています。本当に悲しくて悲しくてたまらない，涙が止まらないしんいち君を見ていると，私も泣きたくなってしまい，「そんなに泣くなら，少しでも入れてあげようか」という思いがよぎりました。

でも，もし体調が悪化して帰りのバスに乗れなくなったら……。通院や看病などお母さんの大変さも想像してしまい，「プールに入ろう」とはどうしても言えませんでした。私にできるのは，本人の「つらさ」「悲しさ」そして「せつなさ」に寄り添うことだけでした。給食も食べず，隣の教室で抱っこされながら泣くしんいち君の耳元で，

「さくらホールのトランポリンしよう。一人でたくさん跳べるよ」

「このあいだ残ったお菓子食べようか」

と，いくつか提案してみます。でもただただ泣くだけのしんいち君。こうした提案は所詮「ごまかし」でしかなく，しんいち君が気持ちを切り替えることはできませんでした。

給食が終わり，ほかの子はプールの準備を始めます。教室で着替えているその姿は「見たくない」とばかりに，教室の隅にマットを立て，そこへ潜りこんでしまいました。あえて声はかけずに，そっとしておくしかありませんでした。この日はともこさんもプールに入れなかったのですが，ともこさんは準備体操だけ行ない，教室で，ビーズ通しをしていました。一緒にビーズ通しをしながら，帰りまでにマットから出てくるかな，お母さんに電話をして迎えに来てもらったほうがいいかなと考えていました。

そんななか，20〜30分したころでしょうか。マットのあいだからひょこっと顔だけ出したしんいち君はぽつりと，「体育館のトランポリンは（行ける）？」と聞いてきたのです。体育館のトランポリンは大きくてバネも強く，高く高く跳ぶことができるので，子どもたちに大人気です。でも，ふだんはなかなか使用することができません。そのトランポリンならプールの代わりになる——と自分で提案してくれたのです。

「いいよ！　行こう！」

元気はありませんでしたが，マットから出てきたしんいち君。プールから上がった子たちの身支度が終わり，体育館での他学部の授業が終わったのを見計らって体育館へ行きました。大きな子たちも使っていたので，いつものような跳び方はできませんでしたが，「自分でやること」と決め，それを実現できたためか，「もっと跳びたい」とか「（もっと好きに跳べるように）ほかの子を下して」と言うこともありませんでした。

悲しく，切ない思いをして，「どうしてもプールに入りたいんだ！」という気持ちをぶつけて，でもそのねがいは叶えてもらえず，マットの陰に隠れてしまったしんいち君。聞こえてくるプールの準備をする友だちの声も「聞きたくない」と思ったにちがいありません。みんなプールへ行ってしまい，教室にはプールに入れなかった自分とともこさん，そして先生だけが残されているなかで，きっといろいろ考えたにちがいありません。市橋先生が提案した，さくらホールのトランポリン（体育館のトランポリンより小さくて，ふだんから使っているもの）もお菓子も嫌だけれど，体育館のトランポリンなら少しは楽しめるかも……と思ったのかもしれません。下校後，お母さんに電話をして様子を伝えると，「バスから降りてきてぼそっと『入れなかった』とは言っていたけれど，本人なりに気持ちは切り替えられたようです」とおっしゃっていました。

　この日のしんいち君からは，おとなからの代替──ごまかし──がいかに効かないかということ，そして悲しくてもその感情にきちんと「自分で折り合い」をつける力がある──ということを教えてもらいました。泣いて泣いて，でもきちんと自分で自分の感情に折り合いをつけたからこそ，自分で，マットの陰から出てきたのではないでしょうか。

●校長先生への直訴

　1年生から2年生になる時，「市橋先生は2年生になる？　川田先生は？」と聞いてくるようになりました。お母さんによると，入学前の療育施設では毎年担任の先生が変わっていたので心配なのでは──ということでした。「2年生になる？」と聞かれるたびに，「どうかなあ，わからないなあ」と答えていたのですが，あいまいな答えでは満足できません。そのうち，「2年生になってください！」と「お願い」されるようになりました。でも，こればっかりは校内の人事で，どうなるかまったくわかりません。どうしようか考えて，「市橋先生や川田先生が2年生になるかどうかは，校長先生が決めるからわかりません。校長先生が『2年生になっていいよ』と言ってくれないと，2年生になれません」と言いました。だから「校長先生に聞いてごらん」と言ったのです。すると，しんいち君はぱ〜っと校長室へ行き，「市橋

先生と川田先生を２年生にしてください」とお願いしてくれたのです。

　実は，この「校長先生への直訴」はこの時が初めてではありません。１年生に入学してすぐ，お兄ちゃんと同じ，そして大好きな友だちがいる「２年生」になりたくなったしんいち君は，「僕は２年生になります！」と宣言したのです。「自分で」２年生になると決めたしんいち君は，自分の１年生の教室に戻ろうとしません。そこで，「２年生になりたいね。でも，市橋先生は決められないからもっと偉い，校長先生に頼んでみようか」と言って，２人で校長室に行ったことがあったのです。突然「２年生になりたい！」と訴えてきたしんいち君に，校長先生は「そんなこと言わないで，１年生も楽しいよ」とちょっと困っていましたが，「学校で一番偉い」校長先生に２年生にしてもらえなかったせいか，諦めがついたようでした。

　さすがに校長先生も，「市橋先生と川田先生を２年生にする」というしんいち君のお願いに「できる」とも「できない」とも言えませんでした。でも，校長先生に自分の思いを伝えたことで，その後は私たちが２年生になるかどうかを気にすることはなくなりました。もしかしたら，「校長先生に言ったんだから，市橋先生と川田先生も２年生になれる」と思ったのかもしれませんが。

●実習生からのお手紙

　２年生の９月。教育実習でM先生が学級に入りました。気のないそぶりをしつつ，優しそうなM先生が気になって仕方ないしんいち君。ちょっとそわそわした日々が続いていましたが，実習の２週目半ばに溶連菌にかかってしまいました。研究授業も欠席だし，翌日予定していた校外体験学習も欠席となってしまいました。校外体験学習は雨で順延となったので体調が戻って一緒に行けるかもしれないと思ったのですが，やっぱり登校することはできませんでした。

　校外体験学習に行けないとわかったしんいち君はお家でお母さんに，「実習の先生が大変だから僕が行かなくちゃダメなんです！」と泣きながら訴えたそうです。ふだんは照れもあるのか，そっけない態度をとっていたしんいち君。でも，M先生のことはまわりが思う以上にとても「気になる存在」だ

ったのです。

「僕のほうがこの学校のことを知っている」

「M先生のこと，助けてあげるのは僕なんだ！」

そんな思いでいるのに，体調を崩してしまい，おまけに楽しみにしていた校外体験学習にも行けないとわかり，大号泣だったそうです。

実習最終日，M先生にお別れも言えなかったしんいち君。翌週登校してきた時，M先生がいない教室を見て，呆然と立ち尽くしていた姿が印象的でした。「金曜日で終わりだったけれど，僕とさようならもしていないから，もしかしたらいるかも」そんな淡い期待を抱いていたのかもしれません。M先生も，最後にしんいち君に会えずとても残念がって手紙を残してくれていました。その日は一日中，お守りのようにその手紙を手にして過ごしたのです。

このことがあってから，介護等体験の学生さんが入ると「いつ帰るの？」とよく聞くようになりました。介護等体験は2日間しかないので，「もういなくなるの？」「〇日までいてよ」と言うことが増えました。私が，「大学でお勉強するから帰らないとダメなんだよ」と説明すると，「ふ〜ん。Mと同じだね」ととりあえず納得してくれるのです。

また，「みんなと」校外体験学習に行けなかったことが本当に悔しかったようです。行き先が，しんいち君が好きな屋内遊技場だったこともあり，「（校外体験学習を）やり直してください」とか，「もう一度9月にしてください」と要求するのです。でも，年度途中で校外体験学習を増やすことはできません。「行けなくて残念だった」というしんいち君の気持ちに共感しつつ，「先生が魔法使いならできるんだけれど，できないんだよね」と説明しました。しんいち君も「もう一度やる，やり直す」ことは無理だとわかりつつ，口にしているようでした。口にすることで，自分を納得させようとしていたのかもしれません。

10月に入り，言わなくなった——と思っていたのですが，10月末に「11月〇日，デパート（遊技場がある場所）にしてください」「（1週間ほど欠席していた）こうた君が戻ってくるから，（デパートに）行く」と言っていました。実は，校外体験学習で行けなかったので，この屋内遊技場にはお母さんが行く機会を作ってくれていたのです。でも，しんいち君にとっては「学校の友

だちと一緒に行く」ことが大切なのです。お家の人と行くのも楽しいけれど，でもやっぱり学校の友だちとも行きたいんだ──。「学校」，そして「友だち」の存在感の大きさをあらためて感じました。

10　支え合う職場の仲間たち　〜みんなでみんなを見る〜

●支えてくれる仲間たち

　４人のお子さんを担任させてもらっていた２年間。毎日いろいろなことがありました。楽しかったこと，感動したこと，悩んだこと，切なかったこと……。うれしかったこと，哀しかったこと……。本当にいろいろでした。授業のこと，子どもへの関わりについて悩んだり行き詰ったりしたこともたびたびありましたが，そんな時支えてくれたのが，まわりの同僚たちでした。

　話を聞いてくれる仲間，一緒に考えてくれる仲間──がいるかどうかはとても重要です。

　相談できるもっとも身近な相手は，一緒に組んでいる先生でしょう。しかし，担任と副担任だけでは解決できないことや，意見の相違が生じた時に調整が難しいこともあるでしょう。副担任の先生は，「担任の言うことだから」と，自分の主張を飲みこみ，納得しないまま事が進んでしまうこともあるかもしれません。個人的な印象ですが，なんらかの「行き違い」が生じた時の調整は「２人」では難しいようです。１人加わり「３人」になるだけで話し合いの場の雰囲気や内容が変わる──ということがあります。

　私自身，ティーム・ティーチング（TT）がうまくいかずに相手と衝突したことがあります。相手の先生に対して，もう話をするのも顔を見るのも嫌だと思ったこともあります。TTに慣れていない先生にとって，こうした同僚との関係は面倒くさく，「一人ですべてを行なったほうがよっぽど楽」という声を聞くこともあります。しかし，うまくいかなかった，つらかったという負の経験以上に，まわりの同僚に助けられた経験のほうが強く印象に残っているのです。

●他人ごとにしない

　学級も学年もいつもいい時ばかりではありません。さまざまな理由で子どもたちが調子を崩すと，何がダメなのか，どうしたらよいのか，重苦しい気分になります。どうにかしなくては，なんとかしなくては——と気持ちだけ焦ってもいいことはありません。余計深みにはまり，空回りしているだけ，一体どうしたらいいんだろうとさらに悩んでしまいます。このように，焦ったり，空回りしたりしてしまう背景には，「まわりの目が気になる」「何もしていないと思われているのでは？」ということもあると思います。そういう思考回路に陥ってしまった時，うまくいかない原因を「子ども」に求めてしまうことはないでしょうか？

　　○子どもが授業にのってくれない
　　○子どもが嫌がるから
　　○指示が通らないなど……

　原因はもっと別のところにあるのにそう思ってしまうのは，その先生に「孤軍奮闘している」という気持ちがあるからではないでしょうか。「担任」としての責任感が強ければ強いほど，ほかの先生に頼る，相談することができないでいるような気がします。

　　あの学級，保護者とうまくいっていないんだって
　　子どもが荒れているよね。大変そう〜
　　あそこ，先生同士の仲がね〜

　こんな「ウワサ」が飛び交うことがあります。本当かもしれないし，違うかもしれません。でも，こういうウワサ話に興じるというのは，そこで起きている「問題」が「他人ごと」であったり，自分のところが安泰（のように見えるから）だからほかは別にいいやと思ったりしているのではないでしょうか。

　「大変」の中身はいろいろです。でも，自分には関係ないではなく，「自分

のこと」としてその問題を捉えることが大事なのではないでしょうか。いつかは自分がウワサの「当事者」になるかもしれません。

　ある時期，あるクラスの子どもたちに授業中の離席，立ち歩き，集団に入れない，授業の教材を持ち出してしまう——といった様子が見られるようになりました。原因はいろいろあったと思うのですが，学年会などで，「○○先生のクラス，なんとかしてください」「どうにかならないんですか？」と言い出す先生は一人もいませんでした。今の状況を確認しながら，当時の学年の7人の職員集団全員でどうすればよいか考えていきました。「一番つらいのは子どもであり，保護者である」というのが共通の認識だったように思います。

　一番若い，油井先生も子どもたちのこうした状況に心を痛めていました。離席など，いわゆる「問題行動」でくくられてしまう行動をする子どもたち。でも油井先生はその「問題行動」を子どもたちからのSOSであると理解し，受け止められる先生です。子どもたちの様子に心を痛め，放課後，私の教室に来て「子どもがかわいそう」と泣いたこともあります。

　元気な杉村先生，体育会系の佐藤先生も担任の先生に任せるのではなく，どうしたらよいか積極的に考えてくれました。授業の配列はどうなのか。音楽であれば，最初に思い切り身体を動かす活動を入れてみてはどうか。登校してからの過ごし方はどうか，何が原因で「問題行動」に結びついているのかなどなど，自分たちの経験や知識をフルに披露してくれ，私自身勉強になりました。

　そして，一番いいなあと思ったのは，柔軟なTTが組めたことです。自分の学級が大丈夫そう——と判断したら，そっと集中が途切れそうなほかの学級のお子さんの側へついたり，自分が動くことがムリだったら，こそっと「市橋先生，そっちに入れる？」と声をかけてくれたり。指導案検討でも，「うちの学級の児童にとってはこれでもいいけれど，○組の○○君にとっては難しいのでは？」「だったら，ここを変えたらどうだろう」と，たくさんの意見を出し合いながら授業をつくることができました。話し合ったことがうまくいくかどうかはまた別の問題なのですが，TTの本質ってこういうところではないかなと思ったものです。

杉村先生も佐藤先生も油井先生も，学年全員の子どもたちを，「自分が担任している」という意識でいました。「他人ごとにしない」先生たちが集まった時，とても大きな力になっていたんだということを今あらためて感じています。

●「チーム」という意識

　特別支援教育は，TTで行なわれることがほとんどです。一言でTTと言っても，さまざまな形がありますし，先生一人一人の経験も教育観も異なっていますから，とても難しいことだと思っています。また，特別支援学校の経験が少ない先生にとっては，担任・副担任が常に一緒にいるという状況も独特のものでしょう。「副担に何を頼んでいいのかわからない」という声を聞いたこともあります。

　学級経営で言えば，「担任主導型」が多いように思います。担任がすべての責任を背負わなくてはならない——というのはそれはそれで大変だと思うのです。1学期，着任したばかりの先生のクラスでケース会議が持たれた時，前年度のことを知っている先生が学年にいたとしても，資料作成，説明は「担任がやってください」ということが実際にあるのです。そうなると，副担の先生や同じ学年でもほかの学級の先生は口を出しにくくなってしまうのではないでしょうか？

　「学年」の教師集団を私はよく「チーム」と言います。どのような「チームを作るか」はとても大切だと思うのです。

　TTの一つの形に「分業型」があります。学級を例にとると，5人のお子さんを担任，副担任で指導していた場合，担任は3人，副担任は2人というように分けてしまう形です。学年の授業で言えば，それぞれが自分の学級だけを見るという形になります。明確な「線引き」は一見理にかなっているようです。しかし，線引きしただけではそこに隙間が生じ，その隙間から大切なものがこぼれ落ちていくのです。以前勤めていた学校では，「教師の人数が多いほど事故が起きやすい」と言われていました。「誰かが見ているだろう」という思いこみで事故が生じやすくなるのではないでしょうか。

　「線引き」ではなく，ほんの少し範囲を広げ円が重なり合わせることがで

きたら……。教師が 7 人いれば，7 つの円が子どもたち全員を覆っている
ような形を作れたら──と思うのです。一人一人が，「チーム」としての意
識を持ち指導にあたることこそが今必要なのではないでしょうか。

●みんなでみんなを見る

　"みんなでみんなを見る"は，前の学校の合言葉でした。「言うは易し行な
うは難し」で，だんだん「理想論だ」「できっこない」という声も聞こえる
ようになりました。「話し合いなんて時間がかかるし，忙しいなか無理。だ
ったら自分でやったほうが早い」「担任の私の決めたこと。ほかの意見は必
要ない」「ごちゃごちゃ言われたくない」という声も聞かれます。また，「み
んなでみんなを見ているようで実は誰も見ていない」というようなことが起
こったこともあります。「指導が手厚い（ように思える）時」こそ，先生たち
の気がゆるんでしまうのかもれません。ひやりとしたり，ハッとしたりする
ことが起こるたびに，「やっぱりみんなでみんなを見るってムリだ」という
声が起きてきます。

　こうした気持ちはわからなくもないのですが，でも本当に「みんなでみん
なを見る」は不可能なのでしょうか？　理想論，不可能だと言われても，私
はこの言葉にこだわり，「みんなでみんなを見る」学級，学年作りがしたい
と思うのです。

　「子どものこと」が語られることが本当に少なくなりました。もちろん，
まったく語られていないわけではありません。でもそれは「問題行動へどう
対応するか」「こういう手立てをとったら問題行動が減った」という話が多く，
以前のように，「今日こんなことがあったよ！」というエピソード的な話は
少ないのではないでしょうか。

　他人ごとにせず，一人一人が学年の児童全体のことを考えていた 2 年生の
時の教職員集団は，まさしく「みんなでみんなを見る」，そんな「チーム」
だったと思うのです。

　「あのメンバーだったからできた」

　「あのメンバーは奇跡だ」

　と言われます。でも，「奇跡」で終わらせてよいのでしょうか。「自慢」と

思われるかもしれませんが，一人一人の意識が高かったこと，そして子どものことを思う気持ちこそが，この「チーム」を作り上げたと思っています。

4年生になった2015（平成27）年度は14名の児童を6名の先生で見ていました。教師集団はそれぞれ年齢も経験年数もばらばらで，ゆっくり話をする時間はなかなかとれません。でも子どもについての話はよくしています。毎日くり広げられる子どもたちのさまざまなエピソードを話しているとあっという間に時間が経ってしまいます。話をするなかで，大学を卒業したばかりの平野先生が涙を流しながら笑っていたことがありました。別にああしよう，こうしようと何かを決めたわけではない，本当に他愛のない話だったのですが，小さなエピソードを拾い上げ，大切な宝物として話ができる学年集団です。何かあったら，「いいよ。〇組も一緒に見ているから！」とお互いに助け合える学年集団になっていて，今年もすてきなチームで仕事をさせてもらっていると実感していました。

11　実践の背景にある問題意識

●「できるようになる」ことを急がせてはいないか？

日々子どもたちを過ごすなかで考えさせられることがあります。「できる」とはどういうことなのか，そして私たち教師が子どもたちに「できるようになること」を急がせてはいないか——ということです。

「2　しんいち君のこと」でも書いたように，筆記用具を持つのが苦手で，上手く書（描）くことができずに怒っていたしんいち君は，書（描）きたい気持ちの高まりや書（描）くことの楽しさを知ったこと，そして遊びや給食などでたくさん手を使う活動を通して，「書（描）く」ことができるようになりました。こういう指導は，一見，まわり道で，時間がかかるように思えるかもしれません。筆記用具を持たせてたくさん書かせたほうが，早く書けるようになるのではないかという意見もあるでしょうが，「気持ち」と「技術」の調和があったからこそ，「自分で」書くようになったのだと思うのです。

「手の動き」と「気持ち」が「筆記用具で書く」ための要件を満たした時，

拙いながらも「書（描）く」ことが「できる」ようになったのではないでしょうか。「書（描）く」という行為ができるようになるためには，その背景にさまざまな力の育ちが必要です。「できる」「できない」だけに目を向けるのではなく，「今ある力」を十分に満たし，そして時期を見計らってそっと背中を押すことも，私たち教師には必要なのではないでしょうか。一方的に教師が上から引き上げようとするだけでは，本当の意味で「できる」ことにはならないなのではないでしょうか。

　しかし，「個別の指導計画」などでは「半年程度で達成できる目標」が望ましいとされています。そのため，「なぜできないのか」ということを全体から捉えず，「半年で達成できそう」な無難な目標ばかりになってはいないでしょうか。また，これができたら次はこれというように，次々に「上」をめざすことが求められます。個別の指導計画でも，「実態としてここまでできているのなら次の目標はこれでは？」というチェックが入ることがあります。せかされるように「できるようになること」を求められているような気がするのは私だけでしょうか。

　次の新たな力を得るためには，得た力を存分に使う時間も必要なのではないでしょうか。そういう時期は，目に見えて新たな力がついているようには見えないので，「停滞」しているように見えるかもしれません。でも，見えないところで子どもたちはパワーをためているのです。数学の「比例」のように一直線に「できるようになる」のではありません。ときどき階段の踊り場のような時期があり，そこからひょいっと上に上がるのではないでしょうか。その「停滞に見える時期」を大切にしたいと思うのです。

　半年で，1年でできなくてもいい——そういう「ゆったりした気持ち」が必要な気がします。できなかったら次に引き継げばいいのです。「書きたい気持ちを育てる」という目標があってもいいのではないでしょうか。

　1年生の終わりに「顔」を描いたしんいち君は，2年生になり，こうた君へのお手紙でこうた君の顔を描きました。そして，「自分の思い」を文章で書いて伝えるようになったのです。しんいち君は何かあった時，感情を表すカード（**写真D**）で自分の思いを確認するようにしていました。

　写真Eは，授業中にあった自分の「不満」を描いて伝えている様子です。

写真D　感情を表すカード

写真E　不満を描くしんいち君

空いているところに自由に書くので，どの順番で文字を書いているかを見ていないと読む時にちょっと悩みますが，この時は「○○○○（友だちの名前），あかしろまたいた」と書いています。ほんとは「またいだ」と書きたかったのですが，濁音はまだわからないので，「またいた」となりました。体つくりの時間にコースを分けるために使っている紅白のバーをまたいで，「自分より先」に走ったことが不満だったようです。50音表と見比べながらホワイトボードに一生懸命書く時間は，しんいち君の気持ちを落ち着かせる時間にもなったのです。

「個別の教育支援計画」も「個別の指導計画」も，「作成すること」が目的になってしまっていないか，評価の時期に「帳尻」を合わせるだけになっていないかと反省することがあります。

「楽しむ」「感じる」などの情意的な目標は否定され，第三者にわかりやすい，数値で表すことのできる目標が求められる傾向にあり，そうでない目標には「チェック」が入り，修正が求められます。何％できるようになるという目標や評価はあまり書きたくないのですが，仕方なく「8割できるようになりました」と書くと，「10回に8回ですか，5回に4回ですか」と書かれることもあるそうです。「2つのものを比べて多い，少ないがわかる」という目標には，「いくつといくつの多少がわかるということですか？」というチェックが入ってきます。戻ってくる書類にあまりにチェックが入っているため「自分は仕事ができない」と，自信をなくしている先生もいます。

「『この段階のお子さんにはこういう目標で授業をする』ということを決めてほしい」という声も上がるようになりました。でも，本当にそれが子ども

たちのためなのでしょうか。特別支援教育の大きな流れとして，「具体的な数値目標」は確かにあります。でも，実際に日々子どもたちと接する私たちは，それが本当に正しいのか——ということを立ち止まって考える必要があるのではないでしょうか。

● 「個」に終始し，「集団づくり」の柔軟な発想ができなくなってはいないか？

しんいち君たちを直接担任していた2年間にはたくさんのことがありました。いいことばかり，楽しいことばかりではありませんでしたが，「学級とは」「連携とは」ということを考えさせられた2年間でした。

さまざまな事情で，4人全員がそろうことは少ない学級でしたし，2年生の時は，隣の学級とあわせて学習を行なっていましたが，それでも「学級」という単位を大切にしたつもりです。休みがちな友だち，遠い場所で訪問教育を受けている友だちとその担任の先生も「仲間」として意識できるようにすることで，子どもたちも「同じ学級の友だち」を意識するようになったように思います。

そして，例えばこうた君が次々にいろいろなことができるようなっていく姿には，「教師」からの働きかけだけが成長，発達につながったわけではないことを学びました。そこには，しんいち君という「親友」の存在がありました。学級，学年の友だちもいました。こうた君にもしんいち君への憧れのような気持ちがあったのだと思います。

入学当初は友だちにあまり影響されないように見えたこうた君も，しんいち君が泣いたり怒ったりしていると心配そうな表情を見せ，「どうしたの？」「大丈夫？」とでも言うように，そっとしんいち君の身体にふれることが見られるようになりました。友だちがいて，相手を意識するようになったからこその成長だと思うのです。

「集団」「育ち合う」ということを考えさせられた2年間でしたが，ふり返ると（今もですが），授業の合間のちょっとした自由な時間にこそ子どもたちは互いに学び合い，そして成長したような気がしています。

「個別の指導計画」が世に出たころ，「の」がどこにあるかが相当話題にな

りました。「集団」が当たり前だった学校に「個別」という言葉が入ってきたため、「個別指導が中心になるのか？」「個別ばかりなんて無理だ」という話になったのです。そのため「個別の指導計画」であり「個別指導の計画」ではないという確認がなされたのです。

　つまり、集団学習であっても、個に合わせて指導計画を立てるのが「個別の指導計画」であり、個別指導（1対1の指導）を推進するものではないということを確認したのです。

　しかし、今一度このことを確認する必要があるのでは？　と思うことが多々あります。特に、「自閉症」の児童生徒に対しては「集団が苦手」であるということが、前提になりすぎているような気がするのです。でも「なぜ苦手なのか」という議論は実はあまりされていないのではないでしょうか。

　「集団が苦手な理由」はそれぞれですし、集団が苦手ではないお子さんもいます。人が多いというだけでダメなお子さんもいれば、ほかの人と一定距離をとれていれば大丈夫というお子さんもいます。過去の嫌な経験が集団が苦手な理由かもしれません。また、集団のなかに入っていくのは苦手だけれど、自分が先にいて後から人が増えていくのは大丈夫という場合もあります。集団のなかで「何をしていいのかわからない」ということが集団学習への入りにくさになっていることもあるでしょう。

　学級集団や学年、学部という単位での学習をもう少し考えてもよいのではないかと思います。もちろん、子ども同士の相性もありますし、一概に集団がいいと言っているわけでもありません。

　集団で授業を行なう方法として、「同一教材異目標」や小グループ編成などがあると思います。同じ教材、題材を使ったとしても、個に応じた目標、手立てをとったり、4〜5人の少人数に再編したら学べるということもあるのではないでしょうか。

　安易に自立活動に変えたり、一緒に学習は難しいとするのではなく、柔軟な発想をすれば、もっと豊かな教育実践ができるのではないかと感じています。それには、教師集団の話し合いをする時間が必要です。

　前任校でも、教科学習では「集団」を大切にしてきました。「自分のできなさ」を痛感し、プリントを示されただけで「俺はダメだ、できないんだ」

と頭を抱えていた男の子が，一つ年上の憧れの先輩と一緒に学習することで
やる気を見せたこともあります。また，その先輩も後輩にかっこいいところ
を見せたいという気持ちからがんばった——ということがありました。

　「個別対応」が重要視されているようでも，音楽などは入学当初から学年
での一斉授業でした。指導体制や場所などの関係で一緒にせざるをえないと
言いますが，「待つ時間」が多いことやホールという環境では落ち着かず，
音楽を楽しむどころではないお子さんもいたでしょうし，「勉強なのだから」
と「座る（座らせる）」ことが目標になってしまっていたのでは？　とも思い
ます。座っているからいい——ではなく，そこで何を感じ，学びとっている
かにもっと目を向け，授業ができたらと思います。

●子どもの障害や問題行動ばかりを見ていないか？

　書店の特別支援教育の棚に行けば，「自閉症」「発達障害」の本が溢れてい
ます。やはり，特別支援教育が始まったころから，書店の本棚も変わってき
たように思います。そして，私見ですが，いわゆるハウツー本が多いような
気がします（もちろん，そうではない本もたくさんあります）。

　肢体不自由校での勤務経験が長かったせいか，「自閉症だから」という言
葉で子どもたちをくくろうとすることに違和感を覚えます。さまざまな障害
のお子さんたちと出会ってきましたが，現れる障害は千差万別です。もちろ
ん障害についての知識は必要です。でも，目の前にいるお子さんがどういう
お子さんで，何に困り感を持っているのかを自分たちで判断する必要がある
のではないでしょうか。

　私たちは「教える」という立場にいるせいか，子どもたちの問題，課題に
ばかり目が向けられているような気がします。

　　○授業中の離席
　　○切り替えができない，見通しが持てない
　　○こだわりがある
　　○靴，靴下をきちんと履けない（履かない）
　　○自傷，他害

○目を見て話ができない

　"教師"には，子どもたちの「課題（問題）」ばかりが目につきます。でも，それは誰にとって「問題」なのでしょうか？　子どもたちにとって，その行動にはどんな意味があるのかを今一度捉え直す必要があるのではないでしょうか？　また，授業中の離席などは，そのお子さんにとって魅力的な授業を行なっているかどうかもふり返る必要があります。

　教師の指示に従って，すぐに行動できない（例えば，それまでの活動を終えられない）というと，「止めさせよう」という意識が働くようです。でも，もしかしたらやっていることに夢中になっていて「止められない」のかもしれないし，お子さんによっては別に続けたくないのに止められない――ということもあるように思います。また，こちらの言うことが「伝わっていない（届いていない）」ということもあります。

　　○時間をおいて再度声をかける
　　○様子を見て，切りが良いところで声をかける
　　○後でもう一度できる時間を保証する
　　○「先生が止めてもいい？」と聞く

　私の少ない経験ですが，こうした配慮をすることで次の活動へ移れることもあります。

　今見えている「問題」「課題」を発達の観点から捉え直すことも大切です。自閉症だから――という見方では，そのお子さんの全体像を固定的に捉えてしまいます。「問題」「課題」と思える行動も，もしかしたら発達の過程では当たり前のことで，私たちも通ってきた道なのかもしれません。

　「自閉症だから」ではなく，「人」としてその子を丸ごと理解しよう――しんいち君たちと出会い，そう強く思うようになりました。優しいしんいち君も怒っているしんいち君も全部がしんいち君。「こうなりたい」というねがいや思いをいっぱい持っています。「自閉症だから」ではなくて，ありのままのしんいち君を受け止め，理解し，そして寄り添えたらと思います。

とはいえ，毎日そううまくはいきません。時にはこちらが「きぃ〜〜っ！」と怒りたくなることもあります。そんな時，しんいち君が私の顔を見て一言。「先生，ここ（眉間）に桃ができているよ……」。そう言われると，ただただ感情のままに怒りたくなった自分を反省するだけです。

　そして，人と関わることが苦手だと言われるしんいち君をはじめとする自閉症の子どもたちも，友だちの転校や，先生の異動を哀しむ気持ちや他者への憧れの気持ちを持っているのです。「自閉症だから」ではなく，しっかりとそのお子さんに向き合っていきたいと思っています。

　「問題行動」の捉え方も先生によってかなり違います。ちょっとした時間に歩きまわったり走ったりするお子さんがいます。この「走る」という行為にもいろいろな意味があると思います。

　①ストレス調整（落ち着かない，イライラしている時に走ることが多くなる）
　②次の活動への期待感
　③切り替えのための（活動を止めて席に着く）時間
　④前の活動の余韻に浸っている？
　⑤活動に思いを残している時（もう少しやりたかったなあ……）

　これらが合っているかどうかは別として，「走る」という行為に彼らなりに意味があるのだと思った時，その行為は単なる「問題行動」とは違って見えてくるのではないでしょうか。私も以前は，そうやって走りまわっている子がいると，すぐに声をかけていました。でも，次々に出す言葉での指示が子どもにストレスを与えていると言われたのです。次の行動をするための「間」なんだと捉えられれば，この「走る」行動も「問題」ではなくなるのではないでしょうか。

　私が教員になったころより，子どもたちはたくさんの「問題行動」「課題行動」を指摘されるような気がします。でもやっぱり「誰にとって問題なのか」ということを考えると，「ささいなこと」まで「問題行動」としていることに気がつくのではないでしょうか。一人一人の「良さ」を大切にしたいとそう強く思っています。

●「コミュニケーション」について

　前任校で重度重複障害のお子さんたちと関わりながら常に頭にあったのは「コミュニケーション」のことでした。これまで「コミュニケーション」というと「コミュニケーションの手段（ツール）」について考えることが多かったように思います。「重度・重複」と言われるお子さんたちの多くは「言葉」がありませんでした（この場合の「言葉」とは，ふだん私たちが使っている「音声言」である――と仮に定義しておきます）。彼ら，彼女らのように「言葉」がないと言われるお子さんたちは，「理解」「認知」の面でも障害が重いと思われていることが多いようです。すると「言葉のない」お子さんたちを私たちは「わからない」「できない」という前提で見てはいないでしょうか。しかし，こうしたお子さんたちのなかには，理解や認知面で高い力を持っているお子さんもたくさんいるのです。「伝え方」「答え方」をそれぞれに合わせて工夫することで，国語や算数（数学），理科，社会などの各教科の学習に取り組み，わかる喜び，学ぶ喜びを感じていたように思います。

　視線選択で，「Yes／No」を伝えられるようになったＡさんは，「生徒会役員になりたい」と言って立候補。50音を覚え，一文字ずつ文字盤で文字を視線選択しながら，立ち合い演説の原稿を先生と一緒に作り，見事に役員に当選しました。彼女は卒業して，ヘルパーさんの力を借りながらの一人暮らしという進路を選択しました。お休みの日はヘルパーさんと一緒のお出かけを楽しんでいるそうです。

　Ａさんのように，自分の意思をはっきりと出せるお子さんたちだけではありません。なかには，伝える力（「発信」する力）が弱いために，相手に受け取ってもらえないで毎日を過ごしているお子さんもいます。伝えているのに伝わらない――。こういう状況が続くと，「学習性無力感」に陥ってしまい，「伝える」ことを諦めてしまうことがあります。「伝えてもダメだ」「それなら伝えるのを止めよう」……。関わりのなかで「無力感」を「学習」してしまうのです。初めてこの言葉を知った時，自分の関わり方で子どもたちが無力感を学んでしまったらどうしよう――と怖さを感じました。子どもたちからの「発信」をしっかりと受け止められるだけの"感度"を持ちたいと思っています。また，「自分の受け止め」が，合っているのかどうかは，ほかの先

生たちと「こう言っていたと思うんだけれど……」と話し合う必要があると思っています。

　一方で「言葉がある」ことで正しく理解されにくく、「言葉」に縛られてしまっているお子さんたちもいます。

　「言葉」を持っていると、「言葉による理解力も高い」と思われてしまうようです。言葉で指示を出され、「わかりましたか？」と聞かれ、「わかりました」と反射的に、あるいは覚えている（知っている）会話のパターンとして答えたものの、言われた内容は理解できず、指示に従うことができなくて怒られている。そんなことはないでしょうか。

　「言葉」があるということと、「理解力（認知力）が高い」ということはけっしてイコールではないのですが、私たちは言葉があるだけで、「わかる子」と思いこんでしまうようです。また、こうしたお子さんたちの「発した言葉」のみに飛びついて一喜一憂してはいないでしょうか？「言葉」で伝えることにこだわってはいないでしょうか？

　自閉症のE君。自分の要求を絵カードや文カードなどを併用しながら言葉で伝えることができますし、先生たちとも簡単な会話をすることができます。ときどき冗談？を言ってまわりを笑わせることもあります。一見「会話」が成立しているようですが、「こう言われたらこう答える」というパターンでやりとりを覚えているため、そのパターンから外れた時に会話が成立しないこともあります。また、一度にたくさんの情報を伝えると返事はするもののできない――という様子が見られました。それでも「わかった？」と聞かれると「わかった」と答えるため、「ちゃんとやりなさい」「『わかった』って言ったでしょ？」となってしまうのです。でも、E君にとっては、「わかった」という返事は「わかった？」と聞かれたからそう言っただけで、けっして言われた内容を理解しているわけではないのです。「わかった」というE君の表面上の言葉のみで判断し、本当に「わかったか」という確認をしないとこうしたことが生じるのかもしれません。

　E君は、ときどき「学校、嫌い」「勉強、嫌い」と言います。「学校嫌い」と言われると、ちょっと（いえ、だいぶ）ドキッとしてしまいます。でも、「学校、嫌い」「勉強、嫌い」の裏には「今日は疲れていてしんどいから、休み

たい」という意味や，その時間，何をどうしていいのかわからなくて混乱しているということもあるのです。言葉だけを捉えるのではなく，その言葉に含まれる意味も読み取ることが必要だと思っています。

　Cちゃんは，おしゃべりが本当に上手です。おとなのなかで育ってきたせいか，「言葉」も多く知っています（意味がわからずに使っている言葉もたくさんあります）。楽しいことがあると，一日中話し続けるようなCちゃんですが，ふとした時に貝のように口をつぐんでしまうこともあります。「偏食」ではありませんが，好き嫌いがあるCちゃん。好きなものはたくさん食べたい。だからおかわりをしたいのに「おかわりください」の一言がなかなか言い出せないことがあります。黙ってお皿を差し出すので，当然先生は「なあに？」と尋ねます。でも，言い出せないCちゃん。先生は「おかわりがほしい」のだということはわかっています。向き合って，「お・か・わ・り，く・だ・さ・い」と自分が言いながら，Cちゃんに言わせようとします。口は開けるものの声にならないCちゃん。「言えるよ。だから言って」という先生……。

　この時，Cちゃんは何を考えていたのかなと思います。たまたま言葉にするのが面倒くさかったのかもしれません。おかわりください——というのが恥ずかしかったのかもしれません。「おかわり」という言葉を忘れてしまったのかもしれません。おかわりしたいおかずを先にほかの友だちがおかわりしていたから，自分の分が残っているかどうか心配で，「もうないよ」と言われるのが怖かったのかもしれません。

　こうした，ふだんならできるのにできない（あるいはやらない）ことに直面した時，「ふだんできるんだから」と言葉を発することに先生がこだわるのか，それとも「おかわりだね」と言ってお皿を受け取り，おかわりをよそうのか。機能的に言える，ということとその力を使う（使える）ということのあいだにも，子どもの気持ちや環境，相手との関係のなかで隔たりが生じることがあります。

　Cちゃんの机の横には，「おかわり」「ください」の絵カードが下げられました。Cちゃんの好きな給食の時は，学級のみんなに向かって「今日はおかわりあるよ」と先生が伝えます。そろりそろりとカードを使っておかわりを

要求するようになったCちゃんですが，そのうち配膳している先生の横に立って「今日，これおかわりある？」と聞くようになりました。言葉にできない自分の思いを汲み取ってくれたこと，自分の「おかわりしたい」という要求がかなえられたこと。そして「カード」で自分の思いを「楽に」伝えられたこと。これらの積み重ねがCちゃんにとっての自信になったのでは？　と思っています。

●コミュニケーションとは何かを再考する

　個別の指導計画で「コミュニケーション」が目標になっていることがありますが，その目標の多くは「子どもの発信する力，子どもの側のコミュニケーション」（子どものコミュ

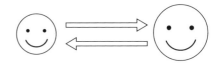

図Ⅰ-4　コミュニケーションの形

ニケーション技能）に焦点が当たっている目標が多いようです。もちろんこれを否定するわけではありませんが，果たしてそれだけでよいのでしょうか。

　コミュニケーションは一人では行なえません。「相手」がいてこそのコミュニケーションです。また，コミュニケーションは「双方向的」でなくてはなりません。子どもの発信力と教師の受信力，教師の発信力と子どもの受信力。これらがかみ合わなければコミュニケーションをとることは難しいのではないでしょうか。

　つまり，コミュニケーションはどちらか一方だけの責任ではない──ということです。「学校」という場でコミュニケーションの指導をすると，コミュニケーションがうまくいかないのは子どもの力が不足しているからだ──となっていないでしょうか。

　でも，子どもたちからしてみると，「先生，もっとわかりやすく言ってよ」「先生，もっとしっかり受け止めてよ」という思いがあるかもしれません。

　指示に従わない，返事をしたのにやらない──こうしたことで注意されたり怒られたりしているお子さんがいますが，指示されたことがわかっていないのかもしれません。キャッチボールで言えば，教師が悪送球しておいて，取れなかったことを責めているようなものです。こうした経験を積み重ねて

しまうと，コミュニケーションそのものが嫌になってしまうのかもしれません。

　昔に比べればだいぶ変わりましたが，まだまだコミュニケーションにおいては「話せること」がよいとされているように思います。先のＣちゃんの事例もそうです。でも，そもそもコミュニケーションはそんなに「がんばらなくては」ならないものなのでしょうか？

　東京大学の中邑賢龍氏は『AAC入門——拡大・代替コミュニケーションとは』（改訂版，こころリソースブック出版会，2002年）という本のなかで，次のように述べています。

　「AACの基本は手段にこだわらず，その人に残された能力とテクノロジーの力で自分の意思を相手に伝えることであると私は解釈しています。歩けることよりも移動できること，しゃべれることよりもコミュニケーションできることへの価値転換がもとめられています」

　自閉症の方の例で言えば，「しゃべれる」方はたくさんいます。でも，「コミュニケーション」としてはどうなのでしょう？　「しゃべれる」ということだけでなく，コミュニケーションの「質」についてももっと目を向けるべきではないでしょうか。

　中邑賢龍氏の，子どもを「できるぞ枠」で捉えるという考え方も好きです。たとえ重い障害があっても限りない可能性がある，可能性を生かすも殺すも私たちの発想の転換次第だと思います。

　言葉遣いの指導も大切です。でも，小学部段階ではもっと「言えた，伝えられた」ことを褒めてもいいのではないでしょうか。「〜したい」とせっかく伝えたのに，「『〜してもいいですか』でしょ？　もう1回！」と言い直しをさせられていることもあります。子どもたちは健気に言い直しています。〇年生だから正しい言葉遣いで話しましょうという先生の思いはわかります。でも表面的なことだけでなく，そこに気持ちが伴っているかどうかも重要ではないでしょうか。

　言葉遣いに言及する前に，「上手に言えたね。わかったよ」の一言が，子どもの自信ともっと上手にコミュニケーションをとりたいという気持ちにつながるのではないでしょうか。そのうえで，「『〜してください』って言えた

らもっとかっこいいね」と伝えればいいと思うのです。子どもたちは先生に言われたとおりにがんばって言い直していますが，いつか話すことが嫌になるのでは——と余計なお世話と思いつつ，心配してしまうのです……。

そもそもコミュニケーションを能動的に行なうためには「伝えたいこと」があって「伝えたい相手」がいるかどうかが重要です。しかし，目標や手立てなどを見ても，そうしたことはあまりふれられていないようです。

こうしたことを考えると，今のコミュニケーション指導は表面をなぞり，単なる「技術の修得」にばかり目が向けられてはいないでしょうか。

コミュニケーションとは？ よりよいコミュニケーションとは？ ということを今一度考え直さなくてはならないのではという気がしています。

12 エピローグ

●今，4人は……

2023（令和5）年，「1年生3組」の4人ももう高等部3年生です。養護学校では1～2年で先生が変わることが多いなかで，思いもかけず立場を変えながら，小学部で4年間のつき合いとなりました。いろいろなことがあった4年間でした。

登校が少なかったはるみさん。4年生になった時に自分で「家の外に出る」ことを決めたのか，4月の後半から登校し，11月までほとんど休むことがありませんでした。同じクラスのお友だちと笑ったり泣いたりしながら毎日楽しく学校に通っています。でも，やっぱり外には出たくないということも多く，ほかの生徒に比べるとお休みしがちです。でも，担任の先生を中心としてご家庭とのつながりは絶やさないようにしました。

クラスのリーダーだったしんいち君は，学年のリーダーになりつつありました。「学年のみんなで」という気持ちがとても強くなりました。小学部3年生の3学期のエピソードをひとつ。どうしても3年生全員で学校近くのフードコートに行きたくなったしんいち君。各学級の先生たちに「1組さんも（フードコートに）行ったほうがいいよ」と交渉し，「全員で行く」という

希望を叶えました。友だち同士のもめごとを「俺が納めてやる」とばかりに仲裁してくれるようになりました。

　中学部になるとすっかり無口になり，内面にさまざまな葛藤を抱えつつ一歩ずつおとなへの階段をのぼっているようです。

　ともこさんは4年生になってから放課後等児童デイサービスに通うようになりました。学校とは異なる集団で，ときどきいたずらをしながら新たな人間関係を築いています。「字を書きたい」「アイロンビーズで財布を作りたい」……やりたいことがたくさんあり，学校での時間が足りないほどです。中学部，そして高等部とほかの学校から入学した友だちもできて，さらに世界が広がっているようです。

　こうた君は身体がずいぶん大きくなりました。やりたいと思ったことはなんとしても貫こうとします。自己主張がよりはっきりし，それが通らないと寝そべって足をバタバタして駄々をこねることもありました。たどたどしかった歩行もしっかりし，行きたい所へ方向を変えていったり立ち止まったりするようになりました。

　それぞれが小学部4年生までのあいだで大きく成長しました。また高学年，中学部，高等部と新たな課題を抱えつつ，まわりのサポートを受けながら一つ一つ解決していく姿にたくましさを感じています。学校生活の最初の4年間をともに過ごし，あの時こうしていたらもっとよかったかも——と思うことがないわけではありません。また，同じ先生が4年間いることが子どもたちにとってマイナスなのではと思ったこともあります。でも，4年間見ているからこそわかることもありました。また，一人一人の変化は，けっして個人的な成長・発達ではないと思います。一緒に学校生活を過ごすなかで，互いに影響し合い，そしてともに成長してきたと思うのです。そして，それは学級の友だちだけでなく，16人という学年の集団の関わりがあってこそ——と思っています。

●これまでをふり返って

　教師になり，その多くの時間を高等部の生徒とともに過ごしてきました。よく言われる「出口の学部」での最大の関心事は「見学旅行」であり，「進

路」でした。私が教師になったころは、「進路先で困らない（迷惑をかけない）よう」な教育を高等部で行なう——という考えがありました。長時間労働に耐えうる体力をつける、進路先と同じ作業種を作業学習で行なう。それが、「将来の生活のために今を犠牲にしない」「今の充実が将来の充実につながる」という考え方に変わってきました。進路の選択肢が多い地域などでは「卒業後の進路が一生の進路でなくてもいい」「よりよく生活できる場があれば途中で変わる」ことも以前より多くなったようです。

　小学部で勤務するようになり、「今」—「将来」を二者択一として考えるのではなく、「つながっている」ことを考えなくてはならないのではと思うようになりました。

　そのつながりを「発達」と言い換えることもできるかもしれません。

　1年3組の子どもたちと出会い、学校生活の「初めて」を共有しながら、子どもたちの成長を目の当たりにしてきましたが、今ふり返って、私自身子どもたちにたくさんのことを教えられ、成長させてもらったと思っています。

●「気持ちに寄り添う」ということ

　子どもたちは、本当にいろいろなことを感じ、思っています。毎日毎日学校に来て、友だちや先生と遊び、勉強するなかで楽しいこともあれば嫌なこと、納得できないこともたくさんあります。そのことを伝えてくれるのですが、うまく伝わらないこともたくさんあります。やりきれない思いを「怒り」としてぶつけ、また怒られる……。悔しくやるせない思いばかりが心にたまっていくということがないでしょうか。

　時に子どものねがいは「わがまま」として映ってしまいます。

　　○三色のリボンがついたタンバリンを使えなかった
　　○一番にバスから降りられなかった
　　○お絵かきが上手にできなかった

　私たちから見れば、他愛もないことかもしれません。いつまでも泣いていたり、ぐずぐずしたりしていると、ついつい「いつまで泣いているの!?」な

んて言ってしまいます。そんな時「でも……でも……」とつぶやく子どもに，ああ，きっとこの子なりの考え，思いがあったんだな——ということに気づかされるのです。

　リボンをひらひらさせながらタンバリンを演奏する自分の姿を想像していたのかもしれません。一番にバスから降りて，朝の支度を終えて友だちや先生と遊ぶと決めていたのかもしれません。こう描きたいという明確なイメージはあるのに，どうしてもうまく描けなくて，悔しくて情けなくてついついクレヨンを投げてしまったのかもしれません。

　怒ってはダメということがわかっているお子さんもいます。でも怒りたくなってしまったのです。正論で「ダメ」と言うことだけを伝えるのではなく，「そうか，タンバリン使いたかったね」「一番に降りたかったよね，残念だったね。明日は降りられるかな」「そうか，うまく描けなかったね」と，気持ちを受け止め，寄り添う言葉をかけることが大切だと学びました。ていねいに共感し，気持ちに寄り添ってもらう経験を積み重ねたお子さんは，人への信頼を獲得していくのではないかと思っています。

　また，「目の前」のことに目を奪われすぎてはならないということも子どもたちから教えてもらいました。

　例えば授業中いすに座っている。この一つをとっても，座っていることの意味はさまざまです。

　○自分で座ることを選んでいる
　○座らせられている
　○なんとなくそこにいる

　「授業中座っていることがよい」という価値観だけで見てしまうと，授業の目的が「座っている」ことになりかねません。授業中子どもたちがしっかり座っていると「座っていて偉い」となります。座れなかったり，立ち歩いたりする子どもたちをいすに引き戻そうとしてしまいます。整然と座っている学級の横で，自分の学級の子の立ち歩きがとても気になったことがあります。同僚の目も気になってしまいます。立ってしまうお子さんにどういった

指導をするか――。座らせたり，「座る」マークを提示したり……いろいろやりましたが，「〜させる」ではダメなのです。「立ち歩く」という行動でも，授業の間を持て余して立っていることもあれば，楽しくて立っていることもあります。また，授業内容がわからない，おもしろくない……ということもあります。気持ちが盛り上がったり，間を持て余して立ってしまったりしたような時は，次のことが始まると戻ってきます。時には「戻ってきてね」と声をかけることもありました。授業が子どもたちにとって価値あるものになっているかどうか――という視点は，立ち歩いたりする原因を子どもに求めないためにも大切な視点です。

「座らせられていた」「なんとなく座っていた」お子さんたちのなかには，座らなくなるお子さんもいます。「わからないことがわかった」とも言えます。1年生までは「ちゃんと座っていた」（ように思えた）お子さんが，2年生になって立ち歩きを始めると，「前はちゃんとやっていたのに」「どうしてちゃんと座らせないの」と担任の先生に批判が向けられることもあります。でも，視点を変えると「わからないということがわかったから座りたくなくなった」「拒否の主張ができるようになった」とも言えます。

それを，「授業は座っているべき」とあるべき姿，あるべき型にはめこもうとすると，授業そのものに出られなくなってしまうかもしれません。

「座りなさい！」と言いたくなるのをぐっと我慢したこともありますが，気がつくと，「座ることを選ぶ」お子さんが増えました。学年全員が，こちらがびっくりするほど，授業をしている先生の方へ意識を向けていることもあります。「座っている」ことにだけ価値を見出すのではなく，そこでどんな活動をするのか，何を学ぶのかということを忘れてはいけないと思います。

学校では「課題」や「問題行動」ばかりに目が向けられがちです。個別の指導計画や個別の教育支援計画では，半年，1年で成果を出すように求められます。でも，「長い目」で見た時に，今を急ぐことが後でひずみを生むということもあるのではないでしょうか。課題にばかり目を向けるのではなく，ゆったりと構える気持ちの広さが必要なのかもしれません。慌てなくてもそのときどきに応じた，ていねいな実践の積み重ねで，おのずと成果はついてくる。今やっていることが花開くのはもっと後になるかもしれません。その

時すぐに成果がでないから「ダメな指導」ではないのです。１年生のころにやっていたことが，３年生４年生になってから芽が出ることもあります。

「のんきこんきげんき」――。最初の学校でお世話になった先生から，「障害児教育は『のんきこんきげんき』だよ」と教えられました。今，私たちはさまざまなことに「追われて」います。その一つが三木裕和先生のいうところの「ペーパー問題」です（『障害のある子どもの教育目標・教育評価――重障児を中心に』クリエイツかもがわ，2014年）。作る文書量の多さだけではありません。「成果」を求められることは，子どもたちの「立ち止まり」を許さないのです。何かができるようになったらすぐに次の目標を決め，その達成に向かって進まなくてはなりません。

こうた君は，３年生になってから「始めます」と両手を広げるジェスチャーができるようになりました。学校でも家でも何度も何度も「始めます」と得意げにやってみせていました。名前を呼ばれるとぶんぶんと手を振っていたのが，片手を高らかに挙げ止められるようになりました。自分の名前だけでなく，ほかの人が呼ばれた時にも，「どうだ！　できるんだぞ！」と言わんばかりに手を挙げます。その姿はとても誇らしげです。何度も何度もくり返し，「できるようになった自分」を確かめているように見えます。次の力を獲得するためには，こうた君のように，「確かめる時間」「自分を誇らしく思う時間」も必要なのではないでしょうか。その時間を充実させながら「次の力の獲得」に向かうのかもしれません。

でも，現実はのんびりしていられません。時間が決まっているからです。私たち教師もいつも何かに「追われている」気がしています。それでも，こうした時間も大切にしなければならない，「できる」「できない」という二分的な評価のみに陥ってはならないんだということを強く思っています。

●生活を見る視点

当然ですが，子どもたちは学校だけで生活するわけではありません。わかってはいましたが，24時間の過ごし方の大切さをあらためて感じました。学校は学校，家庭は家庭と考えると，子どもたちの生活を時間で「輪切り」にしてしまうことになります。そして「輪切り」にしてしまうことで，問題が

生じた時，責任を他者に転嫁してしまうことがないでしょうか。

　学校，家庭，放課後等児童デイサービスと，子どもたちはさまざまな場所，さまざまな環境で生活しています。24時間，すべての場所で快適に過ごせるわけではありません。学校でのことをほかの場所へ引きずってしまうことも，その逆もあります。学校での様子を伝えること，学校以外での様子を知ること，そして学校—家庭—放課後等児童デイサービスなどと情報交換を行なうことで，子どもをより丸ごと捉えられるようになるのではと思っています。

　「家で不機嫌にさせたまま登校させてしまって」

　と，電話で連絡をくれるお母さんもいます。毎日毎日ご機嫌で登校できるわけではありません。様子を見ながら，気持ちの立て直しができるようにしたり，一人で過ごす時間を作ったりすることもあります。家庭の役割，学校の役割，それぞれありますが，線を引くのではなく，互いに重なり合うことが大切ではないかと思っています。

　「家で……」ととても申し訳なさそうな連絡を受けると，「どうぞ気にしないでください。学校は大丈夫ですよ」と言いたくなります。逆に，学校でのことを家庭やデイサービスに引きずることもあるのですから。

　これまでいろいろな事情のある家庭と関わりながら，担任だけ，学校だけでお子さんや家庭を支える難しさをひしひしと感じています。ケース会議を開いても，問題がすぐに解決するわけではありません。でも，問題や課題を共有しそれぞれができることはないかを探ることで，新たな道が開けることもあるのではないでしょうか。

　学校では「ケース会議」と言われるとまだまだ構えてしまうことがあるようです。自分たちに落ち度があったのでは，何か責められるのではないか。そんな意識があるのかもしれません。

　でも，学校外の方と連携をとることは，とても心強いものでした。学校とはまた違った角度からの支援の提案は，自分の関わり方を客観的に見直す機会でもありました。「長くじっくり関わっていきましょう」と言っていただくことで，一日でも早くなんとかしようと焦っていた気持ちに気がつかされ，自分にブレーキをかけることもできました。「ケース会議」とまではいかな

くても，電話での情報交換や，研修会や学校公開といった場で短時間でも話をすることはできるはずです。学校という場所，時間だけではなく，広い視野で子どもを見る大切さを，子どもたちや保護者，そして学校外の支援者の方から学びました。

　小1から小2と持ち上がり，そして立場や学級を変えながら同じ学年で4年間を過すなかで，小1からの小4までが1本の「線」でつながっていることが実感できました。当然ながら，新たな課題や問題が出てくるのですが，でも「大丈夫」「心配ない」と思える自分がいます。それは，4年間という長いスパンでそれぞれの成長を見ることができたからかなと思うのです。そして学年全員のそれぞれの成長を思い返した時，いろいろなエピソード（大変なこともありましたが）の一つ一つがほほえましく，子どもたちが本当に愛おしく感じます。

　最初は自分に務まるかと不安だった初めての小学部1年生。でも，ともに過ごした時間はかけがえのない宝物となりました。青年期を迎えた彼らが，これからどのように成長していくかとても楽しみです。そして，私自身も成長できるようがんばりたいと思っています。

〔追記〕

　2022（令和4）年3月，10年勤めたK養護学校を離れました。感染症対策で，修了式も学部ごとだったため，これまで関わっていた児童生徒，そして保護者のみなさんにしっかりお別れができなかったことが心残りでした。

　新しい学校では久しぶりの担任生活を満喫しています。新型コロナ感染症の流行を機に，学校のあり方も大きく変化しました。でも，目の前の子どもたちや保護者の思いを受け止めること，気持ちを受け止め寄り添うことなどは変わらないこと，忘れてはいけないこともたくさんあります。

　日々の忙しさに，本当に大事なことをついついおろそかにしがちですが，立ち止まって考えること，そして教師として日々学び続けることをけっして忘れずに過ごしたいと思っています。

【参考文献】

中邑賢龍（2002）『AAC入門──拡大・代替コミュニケーションとは』改訂版，こころリ
　ソースブック出版会

『厚生労働科学研究研究費補助金障害保健福祉総合研究事業平成14年度総括研究報告書』
　（主任研究者 中邑賢龍，分担研究者 中野泰志，平成15〔2003〕年3月）
　（http://web.econ.keio.ac.jp/staff/nakanoy/article/self_determination/index.html）

集団による学びと個の
発達をささえる実践の創造

戸田竜也

第1章

子ども理解
── 子どもに尋ねるということ

1　子どもの声に耳を傾けること

　筆者が，教員養成大学に勤務する傍ら，スクールカウンセラーとして地域の学校に通うようになってから10年あまり。もっとも多い時には，小・中・高校・特別支援学校合わせて7校を定期的に訪問していました。

　スクールカウンセラーは，子どもや保護者，教師など，その語りを介して一人ひとりの「物語」（ナラティブ）にふれます。初対面の筆者に対して，「誰かに聴いてほしかった……」と堰を切ったようにことばがあふれる子どもがいる一方，「話しても大丈夫だろうか……」「表現することが難しい……」という思いや逡巡から，ことばになるまでに時間がかかる子もいます。しかし，後者の場合であっても，急かすことなく時間をともにするなかで「このカウンセラーにならば話しても大丈夫かな……」と思ってもらえるのか，話題を行きつ戻りつさせながらも少しずつことばが開かれていきます。

　子どもは，聴き手の存在を支えにして"自分のこと"を語りますが，何がことばを紡ぎ出す原動力となるのでしょうか。それは，子どものなかにある「自分を理解してほしい」「自分を認めてほしい」というねがいの高まりと考えられます。他者に「できる─できない」や「良い─悪い」といった評価的な視点からではなく，また"子ども一般"としてでもなく，目の前にいる「○○」という名前のある個性的な存在として「ありのままに受け入れてほしい」というねがいです。子どもは当たり前とも言えるこのようなねがいを日常的に抱きつつも，自分が他者に受け入れられていることに確信が持てなく

なった時に，あらためてねがいとして自覚され，より高まるものと考えられます。

「今日，こんな楽しいことがあったよ」「こんなふうにがんばったらできるようになったよ」「どうしたらよいかわからない……」「自分の思いを理解してもらえない……」「いま，こんなことが心配なんだ……」

日々の生活において，楽しい・うれしい・おもしろい・つらい・悲しい・不安など，自らの感情が揺さぶられる時に，その時の出来事や感情を身近な他者に伝えたいという思いが生じます。それは，私たちおとなも楽しいことやうれしいことがあった時には誰かに伝えたくなるように，あるいは親しい人に愚痴を聞いてもらいたいと思うように，出来事やエピソードだけではなく，その時に生じた感情を含めて他者と共有し分かち合いたいという要求です。

自分が肯定的に意味づける出来事やエピソードは，他者に理解・共感されたり，喜びを分かち合うことによってその感情がさらに強まり，自分のなかにポジティブな物語として残っていきます。一方，ネガティブと意味づける出来事やエピソードは，その気持ちを受け止め理解しようとする他者の姿にふれることで，苦痛や不安が小さくなり，精神的な落ち着きを取り戻す支えとなります。時間をさかのぼってエピソード自体を変えることはできないものの，ネガティブに意味づけた物語の一部を修正できる可能性があるのです。そして，このようなありのままの感情を含む，自分のあり様をまるごと他者に受け入れられることによって，「自分は自分であって大丈夫」という**自己肯定感**（高垣，2001）が育まれることにもつながるでしょう。

子どもは学校生活や放課後活動のなかで，学びや遊びを媒介としながら友人や教師などとのかかわりを深め，ゆたかな感情体験を持ちます。活動が充実し生活全体に彩りがあるほどに，他者と伝え合いたい中身がふくらみます。子ども時代には，他者に伝えたいという要求が高まる価値を持ったゆたかな

自己肯定感

高垣忠一郎さんは，自己肯定感を競争的自己肯定感と共感的自己肯定感に分け，後者を「自分のダメなところや弱いところ，悪いところを含めて自分が存在していることはいいことなのだ。許されているのだと，自分をまるごと肯定すること」と説明しており，本書ではこのような意味で「自己肯定感」ということばを用いています。

学びと活動を保障することが，私たちおとなの役割なのです。

2　耳を傾けてもらえなかった，理解されなかった という経験

　スクールカウンセラーとしての筆者は，「自分を理解してほしい」「自分を認めてほしい」とねがう子どもの語りに耳を傾けながら，子どもがその思いを本当に「聴いてほしい相手」は誰かを考えます。子ども自身が自覚していないこともありますが，多くの場合は「スクールカウンセラー以上に聴いてほしい重要な他者」がおり，ことばの背景にそれが見え隠れします。

　筆者は，子どもと向き合いながら，その子が聴いてほしいであろう相手を想像し，その人が真摯かつ冷静にこの語りに耳を傾けてくれるかどうかを考えます。そして，耳を傾けてくれるという見通しが持てる時には，筆者の前で話してくれた内容をその相手にも表現するように促します。

　子どもが自分のことを聴いてほしい相手とは，教師や保護者であることが少なくありません。「先生やご家族にも伝えてみようよ……」という筆者に対して，残念ながら「先生には話せない」「親には話したくない」と答える子どもがいます。その理由を尋ねると，おとなをおもんぱかって「心配をかけたくない」ということもありますが，「過去に伝えようとしたが聞いてもらえなかった」，あるいは「伝えたことによって叱責を受けたから」と話す子どももいます。また，このような否定的な経験はないものの，日頃の教師や保護者の言動から「自分のことを話したとしても理解されないだろうから……（だから，話せない）」と諦めてしまう子どももいます。

　子どもは，その内面に「他者に伝えたいことば」をたくさん持っています。しかし，勇気を出して語り出したとしても，それを理解してもらえず，場合によっては非難されて自らが傷つくことへの不安があり，この不安が小さくならなければことばとして表現することができません。つまり，子どもは，伝えたい内容とともに，語ろうとする自分の行為を相手にありのままに受け入れてほしいのです。そして，受け入れられるという見通しが持てない時には，伝えたい思いを抑えこんでしまうのです。

3　当事者の自伝や手記による語り

　こころのなかに他者に伝えたい思いを持ちながら，ことばにして表現することを諦めざるをえない子どもたち。その様子は，障害当事者が執筆した自伝や手記に見ることができます。

　自閉スペクトラム症の当事者である小道モコさんは，「私が一番生きにくい環境は，『本音を語れない』環境なのかもしれません」とし，次のように述べています。

　　私が幼少期に「痛いというのをやめた」のは，あまりに周囲の理解を得られないから，苦肉の策で思いついたワザです。言っても言ってもわかってもらえない。言えば言うほど，変だと思われる。身体の痛みダケでもシンドイのに，そのうえ理解してもらえないのは絶望にも近い感覚でした。オトナになってからも，その「痛いというのをやめよう」と決心した日の光景はハッキリ覚えています。（略）

　　言ってもわかってもらえない，ダケならまだいいのですが，変だ，とかオカシイとか，大げさだと言われるのは，おさなゴコロに全人格を否定されたような気持ちになり，耐えられなかったんだと思います。

　　だから，自分の中の「痛い」という人格を私は消したんです（小道，2013）。

　障害当事者による自伝や手記は，一人ひとりが生きてきた歴史にもとづくオリジナリティのある物語です。一方，それを複数読んでみると，それぞれが個性的でありながら，エピソードや感情に共通する内容があることに気づきます。

　たとえば，自閉スペクトラム症者の自伝や手記には，小道さんのように自らの個性的な感覚や認知の特性を他者に伝えても理解されず，そこで生じる苦痛や不安を否定された経験を重ねてきたことが記されています。また，学校などの生活場面やその状況に適応的にふるまうために，感情表現を抑圧し

ていたという記述も複数の自伝や手記に見られます。このような経験は自閉スペクトラム症者が「トラウマ」と表現するような深い傷つきとなり，その後の発達過程にも影響を及ぼしていることがうかがえます。

　アスペルガー症候群との診断を受け，自閉スペクトラム症者の**「当事者研究」**に取り組んでいる綾屋紗月さんは，他者は「どうせ誰も私の苦しみなどわかってくれない」「そもそも自分で自分のことがわからない」といった感情のなかで，「自分の状況を適切に説明する言葉が見当た」らず，話した時にどんな反応をされるかがわからないおそろしさがあったと述べ，「すべて自分ひとりで解決しなければいけない。そう考えることで私は追い詰められていった」と記し，それらが影響して高校段階では学校に通えなくなるほどに体調を崩してしまったとふり返っています（綾屋，2013）。他者に伝えようとする際に生じる「おそろしさ」や「自分ひとりで解決しなければいけない」という思いは，それ以前にあった，他者が「わかってくれない」というつらい経験が影響して生じたものでしょう。

　「とにかく自分の生きづらさを人に伝える言葉が欲しい」（綾屋，2019）というその「言葉」は，語りに真摯に耳を傾け，それを理解しようとする聴き手の存在があってはじめて生成されるのです。

4　「子どもに尋ねる気持ち」になるということ

　子どもが「他者に伝えたい思い」をことばとして表現するか，しないか。それは本人が決めることであるものの，その判断には「聴き手のあり様」が大きく影響します。聴き手となる私たちおとなはどうあるべきなのでしょうか。

　筆者は，教師や保護者の姿勢として，茂木俊彦さんが記した「子どもに尋

「当事者研究」

　北海道浦河町にある「べてるの家」をはじめとする，統合失調症などをかかえた当事者活動や暮らしのなかから育てられたエンパワメント・アプローチ。「自分と似た仲間との共同研究を通じて，等身大の〈わたし〉を発見すること，そして，そんな自分を受け入れるものへと社会を変化させることを通じて，回復へと導く実践」（熊谷，2020）と説明されています。

ねる気持ちになる」ことが重要であると考えます。

　親であれ，保育者であれ，学校の教師であれ，上から子どもを眺めていろいろと指示，指令を出す前に，子どもたちがうまく表現できていないものも含めて，「どういうことが言いたいの？」とか，「今，どんな気持ちなの？」とか，「どんなことがやりたいの？」とか，尋ねるという姿勢に立つことが非常に大事ではないか。これは，言葉を使って尋ねるということに限定されない，いわばそういう気持で子どもと接するということを言いたいわけです（茂木，2009）。

　いま目の前にいる子どもが何を感じているか。何に興味・関心があり，どんなねがいや要求を持っているか。また，どんなことを苦痛に感じ，不安や心配があるのか。そして，おとなに伝えたいこと，おとなが知っておくべきことは何か……。

　「子どもに尋ねる気持ち」であるおとなの姿勢が，子どもたちの「伝えたい」という思いをふくらませ，ことばを生成する支えとなります。また，「言葉を使って尋ねるということに限定されない」尋ねるという姿勢を持って子どもに接し，かかわるなかで，音声言語では表現されない子どもの内面の理解を深めていくプロセスが重要なのではないでしょうか。

　教育実践の創造には，外見的な言動（現象）を捉えるだけではわからない子どもの内面の理解が必要であり，実践のプロセスを通してさらに深い理解へと導かれていくのです。楠凡之さんは，教師らおとなが「子どもから見たときの眺めや光景」を理解することの大切さについて述べ，それを子どもの"view"と表現しています（楠，2017）。

　子どもの"view"について，先に紹介した小道さんを例に考えてみましょう。

　生活のあらゆる場面で「痛い」と言い続けていた小道さんは，ある日を境に「痛いというのをやめ」ました。その小道さんの言動の変化は，教師や保護者にはわかりやすく見えやすいものです。教師がこの外見的な言動（痛いというのをやめた変化）に焦点をあてて小道さんを理解しようとするならば，『痛い』と言わなくなったのは，身体的な痛みがなくなったからではない

か」と考えるかもしれません。しかし，小道さんの"view"に立つと，痛みはなくなっておらず，他者に理解されないがゆえの「絶望にも近い感覚」によって「痛い」という表現をしなくなったのであり，教師の「痛みがなくなったからではないか」という仮説的な理解は実際とは大きく異なってしまいます。

　このように外見的に可視化された言動（現象）のみで子どもを理解しようとするならばそれは大きく誤る可能性があり，誤った理解にもとづく指導・支援は子どもにとって適切なものにはならないでしょう。教師が背景にあるねがいや悩みを含めた「本人なりの理由」といった"view"をていねいに捉えなければ，教育実践に必要な子ども理解にはならないのです。

　先に紹介した綾屋さんは，「こちらにはこちらの理由があり，内側から見た世界というものがある。外から貼られたレッテルと，内部の自分が感じていることのズレに対する不満も湧きあがり始め，私は何らかのかたちで異議申し立てのようなことがしたいと思うようになった」（綾屋，2019）と述べています。これはまさに他者が本人の"view"をていねいに捉えていないことへの指摘と言えるでしょう。

　子どもに対して「尋ねる気持ち・尋ねる姿勢」になるということを筆者なりに言い換えるならば，発達と人生の主人公である子どもにある限られた期間に伴走者としてかかわりを持つ教師が，「あなたのことを知りたい。教えてほしい」という思いにもとづいて示す謙虚な姿勢ではないでしょうか。この教師の思いは，ことばで表現されるというよりは，教育実践におけるはたらきかけやかかわりのなかでにじみ出るものであり，それを子どもが感じ取るものだと思います。教師の子どもに対する信頼と共感的に理解しようとする姿勢が子どもに伝わった時，過去の理解されなかった，否定された自らの歴史を乗り越え，再びことばが紡がれるのです。

5　音声言語による表現が難しい子どもたちも

　ここまでは，筆者が高等支援学校などのスクールカウンセラーとして出会

う，音声言語によるコミュニケーションが中心となる子どもたちをイメージして記してきました。一方，教育現場には，音声言語での表現が少ない，あるいはまったくない子どもたちがいます。また，音声言語はあっても，表現していることばの意味と本当に伝えたいことのあいだにズレが生じている子どももいます。さらには，ジェスチャーやカード，スイッチやiPad，運動動作やバイタルサインなどで他者とのコミュニケーションをとる子どもたちもいます。いずれの子どもも，他者とのゆたかな関係性においてねがいや要求が生成され，内面にことばを持ちます。子どもの発達や障害の状態に合わせて，尋ねる姿勢や方法を変化させることが必要です。

　筆者が大学院生時代に家庭教師としてかかわらせていただいたカナトさんは，からだは小柄で，座位の保持が難しく，音声言語がありませんでした。筆者は週に１回ご自宅に伺い，養護学校から帰宅したカナトさんと一緒に絵本を読んだり，食事の介助をしたりしていました。

　カナトさんとのコミュニケーションは，筆者が伝えたいことにかかわる具体物を見せながら，ことばで語りかけていました。たとえば絵本を読む時には，カナトさんの視線の位置に合わせて絵本を出し，「この○○の絵本を読んでみないかい?」などとゆっくり語りかけ，反応を待ちます。絵本や遊具などは２〜３つ提示し，本人に選んでもらうようにしました。

　はじめのうちは，カナトさんの反応を確かめることができず，自分のかかわり方について悩むこともありました。しかし保護者からカナトさんの関心のあることや楽しめそうなことなどをお聞きして試行錯誤をするうちに，からだの動きなどのちょっとした変化をカナトさんの意志として読み取ることができるようになりました。

　カナトさんの表現は，視線の動きや表情の変化のほか，口を尖らせてブーという音を出したり，いすに座っている時に右足を動かしてトントンという音を出したり，上肢に力を入れて身体を反り返らせたりといったものです。この動作のみを見るだけでは，カナトさんの内面の理解にはつながりませんが，筆者とのやりとりによる文脈のなかで「もっとやりたい」「もっと食べたい」「それは嫌だ」という本人の意志として意味づけられていきました。

　季節の変化によって体調を崩しやすく，体調不良時には表現が弱まること

もありましたが，かかわりを深めていくうちに本人の意志がよりはっきりと表現されるようになっていきました。

　細渕富夫さんは，肢体不自由など運動制限のある子どもたちが，表面的には「何も感じていない」「何の要求もない」かのように見えることがあることを指摘し，子どものわずかな「表出」を受け止める他者がいて，両者のあいだに快の情動交流（心地よさ）が生まれることにより，明確な意図を持った表現が生まれると述べています（細渕，2020）。

　障害が重いとされ，言語によるコミュニケーションが難しい子どもたちも，その内面にさまざまな思いを持っています。この子たちも「何かを伝えようとしている」のであり，それが表現として確かなものになっていくかは，かかわる教師の姿勢によるのです。

6　なぜ「子ども理解」か

　筆者は，教師が子どもに「尋ねる気持ち・尋ねる姿勢」になることについて，本書の冒頭に示したいと考えました。それは，教育実践の創造と展開にあたり，まず「子ども理解」が基盤にあるべきであり，そのために教師に「尋ねる気持ち・尋ねる姿勢」を求めたいと考えているからです。今日，これらのことがあいまいになり，後回しにされかねないことへの懸念があるために，より思いを強くしているのかもしれません。

　この背景の一つには，教師の「障害」や「障害特性」とされるものについての理解と関係します。医師が診断基準にもとづいて行なう障害の診断や，特別支援学校や特別支援学級の対象となる障害の種別などは，いずれも障害名（診断名）が用いられますが，これは一つのカテゴリーを示したことばとも言えます。カテゴリーとは「分類すること」などと訳され，「事物をその種類・性質・系統などに従って分けること。同類のものをまとめ，いくつかの集まりに区分すること。」（大辞林，2007）を意味しています。たとえば，「自閉スペクトラム症」は障害名・診断名であると同時に一つのカテゴリーであり，その診断を受けた人は一定程度同じような障害特性を持つと理解さ

れるのが一般的です。

　子どもにどのような障害特性があり，その影響によってどのようなことに生きづらさや困難を感じ，学校において支援・配慮のニーズが生じるのか。また，どのような条件整備や環境調整によって，その障害（困難）は軽減するのか。教師が障害特性を学び，その知識を教育実践に活かしていくことはとても重要です。たとえば，自閉スペクトラム症者が，感覚過敏によって「蛍光灯が刺さるように痛い」と感じることは，それ以外の者がふだんの生活のなかでは体験することができず，障害特性を学ぶことによってはじめて理解し，想像できるものです。

　一方，公的な文書をはじめ，特別支援教育を解説する書籍などにおいてもたびたび「障害特性を踏まえた指導・支援」という文言が記載されていますが，障害特性の強調は，それを共通・固定的なものと見なし，障害特性を知ればあたかも障害のある子どもを理解できたかのように錯覚させ，固定的・断定的な指導や支援の方法を導きかねません。実際に，障害特性への対応の方法を how to として紹介する書籍やインターネット情報が流布されており，教師をはじめとする教育・福祉の実践者がその意味や背景を十分に理解しないまま，「子どもをあてはめる」実践があることも事実です。診断名や障害特性を知ればおのずと教育実践の内容や方法が導き出されるという誤解は，一人ひとりの子どもを理解しようとする姿勢を失い，先に綾屋さんが指摘した「外側」の論理が優先されることによって本人の内面とは大きくズレた指導・支援になってしまうでしょう。また，障害の有無や診断名に関心が向き，本人や保護者に医療機関への受診をせまることにもつながりかねません。

　筆者は，**ピアカウンセリング**やセルフヘルプグループなど，障害当事者が集う会合にオブザーバーとして参加させていただく機会がありますが，そこに集う当事者たちは，たとえ同じ診断名であったとしても共通する部分と一人ひとり異なる部分の両方がかならずあり，どちらかと言うとバラエティに

ピアカウンセリング
　ピアカウンセリングの「ピア」とは，「仲間」や「対等な立場の人」という意味です。ピアカウンセリングとは，同じような立場や悩みを抱えた人たちが集まって，相談し合い，支え合うことを目的としたカウンセリングのことです。

富んでいるという印象を受けます。それぞれに個性的な感じ方・受け止め方があり，一人ひとりがどのような内面を持つかは，まさに尋ねてみなければわからないのです。

　子どもに「尋ねる気持ち・尋ねる姿勢」を強調する背景の二つめには，今日，教育実践において**エビデンス・ベースド**が強調されるなかで，アセスメントとの関係があります。

　教育現場では，標準化された発達検査や知能検査を実施して，その結果を教育実践のためのアセスメントの一つにしたり，個別の教育支援計画・個別の指導計画に記録したりすることが増えています。筆者も検査者（テスター）として，子どもに知能検査を実施して検査結果を保護者や教師に説明し，それを踏まえて支援のあり方や必要な環境調整を協議するといったことをしています。また，教育支援委員会において，就学先を検討する際の参考資料として参照することもあります。これらの心理検査は，教師が経験的に子どもを把握するだけではそれまで気づいていなかった子どもの実態を発見することができるという利点があります（櫻井，2022）。

　一方，心理検査からわかることは，検査の尺度・枠組みを介して見た子どものごく一部分であり，教育実践に必要な情報が網羅されているわけではありません。たとえば，検査結果報告書にある領域の「強さ―弱さ」が記載されていたとしても，あくまでもその検査によって定義された「能力」が測られているにすぎませんし，これまで述べてきた個性的でゆたかな子どもの内面を把握することはできません。心理検査を実施する際には，「何が測られているのか」「どんなことに活用できるのか」の正しい理解とともに，その検査が測っている範疇と限界を踏まえ実施するか否かを慎重に判断する必要があります。

　障害特性や心理検査の結果などは，保護者とともに教育・福祉の関係者に対して「子どもの状態を説明することば」として使用されます。そのわかり

エビデンス・ベースド
　エビデンスとは「根拠」「証拠」という意味であり，教育実践では「根拠にもとづいた指導」が重要とされています。特に，アセスメント―教育効果を客観的に示すことが求められ，その問題点が指摘されています。

やすさは，不確実な部分が多い特別支援教育の実践において，教師に一定の安心感を与えるものでしょう。しかし，それらが教師に子どものことを「わかったつもり」にさせ，子ども理解への探求をおしとどめてしまうとしたら，本末転倒と言わざるをえません。

7　子どもの内面を「意見表明」として捉える

　子どもの権利条約第12条では，「締約国は，自己の意見を形成する能力のある児童がその児童に影響を及ぼすすべての事項について自由に自己の意見を表明する権利を確保する。この場合において，児童の意見は，その児童の年齢及び成熟度に従って相応に考慮されるものとする」（日本政府訳）とし，子どもの「意見表明権」を規定しています。

　政府によって「自己の意見」と訳されている単語は，英語正文を見ると先に紹介した"view"が使用されています。つまり，自らのねがいをうまく言語化できない子どもたちも「子どもから見たときの眺めや光景」や「見方・感じ方・捉え方」があります。おとなとのかかわりにおいて，それぞれのやり方で表出されるものをていねいに受け止め読み取っていくことによって，意見表明権の保障につながっていくのです（増山，2021）。

　子どもに「尋ねる気持ち・尋ねる姿勢」によって得られるものは，教育実践の創造の土台となる子ども理解にとどまらず，その最善の利益を保障するための「意見」として，この社会において尊重される必要があるのです。

コロナ禍による一斉休校・分散登校から見えたもの

　2020年2月末，総理大臣の突然の「要請」により，全国の小・中・高校・特別支援学校において一斉休校が開始され，同年6月からは約1か月間の分散登校が実施されました。教育行政や学校，放課後施設など，子どもにかかわる関係者の誰一人として準備がないなかで開始された一斉休校は，障害のある子どもの健康や発達に影響を及ぼすとともに，社会的支援の乏しさから家族に大きな心身の負担を強いました（小野川ら，2020）。

　筆者は，子どもたちから一斉休校や分散登校の時にどのように過ごし，何を感じたのかについて聴き取りを行ないましたが，そこにはいわゆるコロナ禍にとどまらない「日常の学校のあり方」を問い直す視点がいくつも含まれていました。

■「自分のやりたいことができた」と語るサキさん（小学生）

　サキさんは，突然の休校に驚いたものの「自分の好きなことに時間を使うことができて楽しかった」とふり返りました。ふだんの休日や長期休暇中ならば学校からかならず宿題が出されます。スケジュール管理が苦手なサキさんは，「宿題をやらなきゃ」と思うことが苦痛で，実際に取り組むととても疲れてしまいますが，一斉休校では宿題はありません。また，いつもならば学校に登校して授業に参加している時間を含め，サキさんにとって「自由にできる時間」ができたのです。サキさんは，時間を忘れて工作づくりに没頭し，作りたいと構想していたものがいくつも完成しました。時間を気にせずに大好きな制作活動に集中できたことは，よい気分転換になったとともに，心地よい充実感を得たようです。

■「授業に集中することができた」と語るユウタさん（中学生）

　ユウタさんは，分散登校について話してくれました。「クラスの人がいつもより少なくておしゃべりする仲間が減ったのは嫌だったけれど，授業に集中することができた。勉強をがんばれたし先生にも怒られなかった」と言います。ふだんのユウタさんは，自分の周囲にある刺激に注意が向いてしまい，授業中に先生の話を聞く場面であっても，教室内のちょっとした音やクラス

メイトの動きが気になってしまいます。しかし，分散登校によりいつもの半分の人数となった教室では，ゆったりとした環境のなかで本人の集中を妨げる刺激が減ったのです。本人の語りでは「先生に怒られなかった」こと以上に，「授業に集中することができた」ことの喜びが強調されていました。

このような子どもたちの語りからは，彼らがねがう「学校のあり方」を垣間見ることができます。

サキさんの語りからは，宿題や家庭学習などを含め，昨今の学校生活の忙しさが，子どものこころとからだのペースに合ったものかという問いが生まれます。「学力向上」のかけ声のもと，多くの学校において授業の進度が早まり，宿題や家庭学習の時間が決められるなど，子どもへの負荷が高まっています。また，一律的な内容の宿題は，子ども一人ひとりの学び方や困難さという実態が考慮されず，取り組めない場合にはさらに負荷がかかる（たとえば，宿題がたまる，休み時間に宿題をやらなければならないなど）状況です。一斉休校によって，「自分のペースで過ごしたい」というサキさんのねがいが，あらためて顕在化したのです。

一方，ユウタさんの語りには，今日の教室環境・学級規模の課題があります。「授業に集中したい。だけど（現在の教室環境では）それができない」というユウタさんのねがいと苦しみが，本人の語りの背景にあります。

今日，制度改正による学級規模の縮小が模索される一方，実態としては学校の統廃合や義務教育学校化などにより，一学級に在籍する子どもが増えている状況も散見されます。また，ユウタさんの語りには，学校スタンダードなどの導入より，細かい言動やしぐさにまで例外が許されないルールが適用され，叱られてしまう子どもたちの様子も見えます。これは，学校スタンダードの問題とともに，子どもが落ち着いて学ぶことが難しい教室環境に原因があり，「子どもの問題」として転嫁してはなりません。

この2人の語りは，個性的でありながら，同じようにねがい，悩んでいる子どもがいることを想像させます。

子どもの語りは，学校のあり方を問う問題提起が含まれている場合があり，そこに耳を傾けるおとなの姿勢が問われています。

第2章

小学校・中学校における
特別支援教育

1　特殊教育から特別支援教育へ

　2007年4月，前年に行なわれた学校教育法の一部改正により「特別支援教育」がスタートしました。特別支援教育とは，「障害のある幼児児童生徒の自立や社会参加に向けた主体的な取組を支援するという視点に立ち，幼児児童生徒一人一人の教育的ニーズを把握し，その持てる力を高め，生活や学習上の困難を改善又は克服するため，適切な指導及び必要な支援を行うもの」(中教審，2005)とされています。

　1947年に施行された学校教育法では，障害のある子どもの教育を「特殊教育」と表記し，学校教育法施行令で対象となる障害の種類や程度，学びの場などを規定していました。特別支援教育開始以降では，盲・聾・養護学校は**「特別支援学校」**という名称に統一され，小・中学校に設置されていた特殊学級は「特別支援学級」に同じく変更されました。

　教育現場では，障害のある子どもは「特殊」な存在ではなく，またその教育も通常の教育と切り離された「特殊」なものではないと主張し，「障害児教育」という用語を使用してきました(清水，2020)。さらに，能力主義的・社会適応主義的な特殊教育論を批判し，発達の権利性を打ち出すものとして

特別支援学校

　現在も「盲学校」「聾学校」「養護学校」という名称を使用している学校もありますが，制度上は障害種別にかかわらず「特別支援学校」に統一されています。教育内容等については，本書第3章を参照ください。

「権利としての障害児教育」論が展開されました。

2　特別支援教育とは

　特別支援教育にはどのような特徴があるのでしょうか。ここでは4点にしぼって紹介します。

（1）子どもの対象の拡大
　特徴の一つは，対象となる子どもの範囲が拡大されたことです。特殊教育において対象とされていた障害の子どもに加え，学習障害（LD），注意欠陥多動性障害（ADHD），高機能自閉症など，「発達障害者支援法」（2005年施行）で規定する**「発達障害」**の子どもが特別支援教育の対象に含まれました。

（2）学びの場の拡大
　特徴の二つめには，幼稚園・小学校・中学校・義務教育学校・高等学校・中等教育学校の「通常学級」が，障害のある子どもの学びの場として位置づけられたことです。特殊教育では「障害児は通常学級には在籍していないことになっている」とされ，ごく一部の自治体を除き，障害のある子どもたちが通常学級で学び，生活するための条件整備が行なわれませんでした。実際に在籍する子どもがいる場合にも，学校に対して「支援を求めないこと」が就学の条件とされたり，保護者が毎日付き添い学習の補助や教室移動の介助をしなければならない状況がありました。
　通常学級を含む，学校の「すべての学級」において障害のある子どもの教育を実施するとした特別支援教育は，それまで限られた特定の教師が担っていた特殊教育から，所有する免許種や経験の有無にかかわらず「すべての教

発達障害
　「発達障害者支援法」では，同法での発達障害の定義を「自閉症，アスペルガー症候群その他の広汎性発達障害，学習障害，注意欠陥多動性障害その他これに類する脳機能の障害であってその症状が通常低年齢において発現するもの」としています。一方，医療者が使用する診断基準であるDSMやICDでは「神経発達症群」とされ，上記以外にも知的障害などが含まれています。

師」が携わる教育に変わりました。これは日本の教育の歴史において，大きなパラダイム転換と言えます。一方，開始から15年余りを経た今日，すべての教師が特別支援教育を自分ごととして認識し，それを担う態勢があるかというと，かならずしもそうではありません。この背景には，教師一人ひとりの認識や姿勢の問題というよりも，教師が障害のある子どもとかかわるために必要な条件整備がされていないことが影響していると考えられます。

　なお，「教育職員免許法施行規則及び免許状更新講習規則の一部を改正する省令」（2017年11月）により，2019年4月から教職課程を置くすべての大学において，特別支援教育に関する科目が開設されました。教員免許を取得する学生は，免許種にかかわらず，原則としてこの科目（1単位以上）を修得しなければならなくなりました。

（3）特別支援教育コーディネーターの指名

　特徴の三つめには，「特別支援教育コーディネーター」の指名が行なわれたことです。文部科学省の通知により，校長に対して，各学校の教員のなかから特別支援教育コーディネーターを指名し，校務分掌に位置づけることが示されました。

　特別支援教育コーディネーターは，学校内の協力体制の構築に加え，医療・福祉などの学校外の関係機関との連携・協力の推進役となります。校内の対応では，校内委員会やケース会議などを開催し，障害のある子どもや保護者への対応を特定の教師に任せるのではなく，複数の教師が役割分担して支援する体制づくりを行ないます。また，校外の対応では，医療機関や**放課後等デイサービス**などを利用している子どもも少なくないことから，適宜これらとの連絡・調整を図ります。校内外の関係者と家庭などを結びつけながら，障害のある子どもの学びと発達を総合的に支援します。

放課後等デイサービス
　2012年4月に児童福祉法に位置づけられた福祉サービス。就学している障害のある子どもを対象にして，放課後や休日に通う施設のこと。児童福祉法では，「施設に通わせ，生活能力の向上のために必要な訓練，社会との交流の促進その他の便宜を供与する」とされていますが，その内容は余暇の保障から，学習・スポーツなど，多岐にわたります。原則として6歳から18歳までの就学している子どもが対象です。

なお，特別支援教育コーディネーターは，制度上の加配がなく，一般教員のなかから指名されるため，担任などを兼務している状態です。また，各学校に特別支援教育の知見や専門性を持ち，コーディネーターとしてふるまえる教師が勤務しているとは限りません。特別な教育的支援を要する子どもが増え，求められる役割の拡大と業務量が増加している今日の状況を踏まえると，特別支援教育コーディネーターの定数配置と専任化が求められます。

（4）「個別の教育支援計画」の作成

　特徴の四つめには，「個別の教育支援計画」の作成があります。個別の教育支援計画とは，「長期的な視点で乳幼児期から学校卒業までを通じて一貫して的確な支援を行うことを目的」として，家庭・医療・福祉・労働など関係機関との連携・協力をめざすための文書であり，学校が中心となって作成することになっています。文書の様式は任意ですが，一例として筆者が関与した様式の項目を紹介しますと，①フェイスシート（家族構成や生育歴），②相談・支援の記録（支援を受けた相談機関や医療機関），③教育の記録（学校歴），④合理的配慮の内容（保護者や子どもと合意して提供したもの），⑤現在の様子（支援の目標や本人の希望など）などがあり，必要に応じて関連する文書を添付します。

　担任や特別支援教育コーディネーターが保護者や子ども本人とコミュニケーションを図り，発達の状態や育ちへのねがいのほか，教育上のニーズなどを確認し合いながら作成します。また，作成された計画は，適宜必要に応じて内容を更新します。

　現在，学習指導要領では，特別支援学校と特別支援学級に在籍する子ども，通級による指導を利用する子どもについて，「個別の教育支援計画」と**「個別の指導計画」**の作成が義務づけられています。また，通常学級に在籍する障害のある子どもについても「作成に努めること」とされています。

「個別の指導計画」

　教科指導や自立活動などの目標・内容・方法など，子どもの実態と教育的ニーズにもとづいて作成されるものです。長期・短期の目標とともに，領域ごとの実態・目標・手立てのほか，本人および保護者と合意した合理的配慮の具体が記載されます。

個別の教育支援計画は，全国的に見て作成率が向上しているものの，その「活用」は，いまだ課題が多く残されています。たとえば，特別支援教育コーディネーターが中心となって作成した計画が，担任や教科担任が内容を十分に把握していなかったために，具体的な支援につながらなかったという事例や，前の学校から文書が引き継がれたものの関係者での共有があいまいであったために，保護者とのやりとりにおいて齟齬が生じた事例など，多数報告されています。

　個別の教育支援計画は，保護者や子どもだけでなく，教育実践の主体者である教師にとっても必要感があり，作成することに意味が感じられるものにしなければ，形骸化してしまいます。教師が教育実践に取り組むためにどのような情報が必要であるのか，どういったことを保護者や外部機関と協議し共有すべきかなど，関係者で検討し，必要に応じて様式や記載する項目を変更すべきです。また，作成段階にある保護者や支援者らと「子どもの育ちに対してねがいを語り合う」というプロセスが，教育実践につながる貴重な時間になるはずです。

3　特別支援教育の対象児の増加

　文部科学省は2022年に公立の小・中学校1600校余りを対象に**「通常の学級に在籍する特別な教育的支援を必要とする児童生徒に関する調査」**を行ないました。この調査では，知的発達に遅れはないものの学習面または行動面で著しい困難を示す子どもの割合が，通常学級に在籍する小・中学生の8.8%と報告されました。内訳では，小学生は10.4%，中学生は5.6%とされ，2012年の前回調査とは質問項目などが異なるために単純に比較することはできないものの，割合は増加しています。なお，この調査は，医学的な診断基準を参考にした質問項目に担任らが答える形で行なわれたため，発達障害

通常の学級に在籍する特別な教育的支援を必要とする児童生徒に関する調査
　2002年・2012年には「通常の学級に在籍する発達障害の可能性のある特別な教育的支援を必要とする児童生徒に関する調査」が行なわれ，2002年は6.3%，2012年は6.5%でした。

のある子どもの割合を示すものではないことに留意する必要があります。

　一方，文部科学省が作成した「特別支援教育の対象の概念図」によると，2021年5月現在，義務教育段階にある児童生徒数は961万人（10年前の2011年と比較して0.9倍に減少）であり，そのうち特別支援教育の対象となっている児童生徒数は53.9万人（全児童生徒数の5.6%，2011年と比較して1.9倍に増加）です。少子化の影響を受け義務教育段階の児童生徒数が減少していますが，反対に特別支援教育の対象となる児童生徒数は増加しています。

　特別支援教育の対象者の内訳を見ると，特別支援学校に在籍している者は8.0万人（同0.8%，1.2倍の増加），特別支援学級に在籍している者は32.6万人（同3.4%，2.1倍の増加），通常学級に在籍し通級よる指導を利用している者は13.3万人（同1.4%，2.0倍の増加）になっています。この10年で特に小・中学校の特別支援学級または通級による指導で学ぶ子どもが増加しています。なお，以上の数字は通常学級以外の「特別な場」で学んでいる子どもたちの数であり，通常学級に在籍して通級による指導を「利用していない」障害のある子どもは含まれていません。

　今日，なぜ「特別な教育的支援を必要とする」子どもが増加しているのか，明確な回答は見出せていません。また，「特別支援教育の対象となる」子どもの増加についても同様です。一方，小・中学校の特別支援学級在籍者の増加の一因としては，通常学級の包容力の低下が要因の一つとして考えられています。たとえば，学校スタンダードによって細かな規範が通常学級で徹底されるならば，あるいは授業の進度が早まり一律的に課題が増やされるならば，これまで通常学級の授業や活動に参加できていた子どもでもそれが難しくなってしまうことがあるのではないでしょうか。つまり，子ども本人の発達上の課題だけではなく，所属する学校・学級環境の変化が要因の一つに考えられます。また，特別支援教育や発達障害に関する情報があらゆる媒体を介して流布され子どもの困り感に気づきやすくなったことや，教育・福祉の支援が充実してきたことなども，通常学級以外の「特別な場」で学ぶ子どもが増えた背景にあるかもしれません。

4　通常学級での学びの保障

　教育の歴史をひもときますと，学校のなかに「学級」が成立したのは，「多数の子どもたちを学校に収容して，知識・技能を経済的・効率的に教授するねらいがあった」（教育学用語辞典，2005）ことが背景とされます。つまり通常学級では，そこに在籍する子どもを「均一性・同質性」のあるものと見なし，集団への「適応」を一人ひとりに求めてきた歴史があります。しかし，今日では，先に述べた「特別な教育的支援を必要とする」子どもを含め，多様な教育的ニーズを持つ子どもたちが在籍していることを前提として，教室環境の変更（調整）などの条件整備により，誰もが排除されない，包摂・包容する学級への転換が求められています。

　ここでは，通常学級における授業に着目して，特別支援教育にかかわる二つの特徴について説明します。

　小・中・高校の学習指導要領解説（各教科編）では，「障害のある児童生徒への配慮についての事項」が記載されています。これは通常学級において「学習活動を行う場合に生じる困難さが異なることに留意し，個々の児童（生徒）の困難さに応じた指導内容や指導方法を工夫すること」として，想定される困難と指導方法の工夫の一例が教科ごとに示されたものです。たとえば，小学校・国語科では「文章を目で追いながら音読することが困難な場合には」や「自分の立場以外の視点で考えたり，他者の感情を理解したりするのが困難な場合には」など，授業場面で生じる可能性がある困難の例が示され，指導方法の工夫（具体的な配慮の「例」）が記されています。他の教科でも「社会的事象に興味・関心がもてない場合には」（社会科），「学習に集中したり，持続したりすることが難しい場合には」（家庭科），「形や色などの特徴を捉えることや，自分のイメージをもつことが難しい場合には」（図画工作科）などの困難例と指導方法の工夫が示されています。

　通常学級の授業では，学習指導要領解説に例示されたような困難が生じることを想定するとともに，子どもたちの多様な実態を踏まえるならば，記載されている以外にも「困難」が生じることが予想されます。ゆえに，すべて

表Ⅱ-1　小学校2年・通常学級に在籍する自閉スペクトラム症児への合理的配慮（例）

授業での取り組み （国語）	全体での対応 （周囲の子ども）	合理的配慮 （自閉スペクトラム症A児）
①黒板に書かれた「かだい」をノートに書き写す	・黒板に書かれたとおりノートに書き写す	・あらかじめ「かだい」が印刷された紙をノートに貼る
②ワークシートに記述する	・すべて記述する	・穴埋め形式の文章が印刷済みであり，空白部分に単語を記述する
③黒板に書かれた「まとめ」をノートに書き写す	・黒板に書かれたとおりノートに書き写す	・文章の長さに応じて書き写すか穴埋めかを教師が判断する

（「インクルーシブ教育システム構築モデル事業」データベース内の事例にもとづき筆者が作成）

の教科，あらゆる授業で「指導方法の工夫」を検討する必要があります。

　一方，「障害を理由とする差別の解消の推進に関する法律」（障害者差別解消法，2016年施行）第7条では，学校に対して「合理的配慮」の提供を義務づけました。合理的配慮とは，「障害のある子どもが，他の子どもと平等に『教育を受ける権利』を享有・行使することを確保するため，学校の設置者及び学校が必要かつ適当な変更・調整を行うことであり，障害のある子どもに対し，その状況に応じて学校教育を受ける場合に個別に必要とされるもの」（中教審初等中等教育分科会特別支援教育の在り方に関する特別委員会）であり，「学校の設置者及び学校に対して，体制面，財政面において，均衡を失した又は過度の負担を課さないもの」（同上）とされています。

　文部科学省は，「インクルーシブ教育システム構築モデル事業」（2013〜2015年度），「発達障害の可能性のある児童生徒の多様な特性に応じた合理的配慮研究事業」（2018〜2020年度）を実施し，モデル校の合理的配慮の実践事例をデータベース化して公開し，その普及に努めています。

　表Ⅱ-1は，同データベースから，「通常学級に在籍する自閉スペクトラム症児への合理的配慮」の1事例を抽出し，授業部分のみを抜粋して整理したものです。合理的配慮とは，一人ひとりの実態に応じたオーダーメイドの支援であるため，「当該事例（子ども）においての内容」と理解してください。また，子ども本人および保護者と協議して，配慮内容の具体について合意形成を図ることが必須です。

合理的配慮の提供には，その前提として「基礎的環境整備」の必要性が示されています。基礎的環境整備とは，法令にもとづき国および地方自治体が財政措置を行ない教育環境の整備をすることです。例として，施設・設備の整備や教材の確保，専門性のある教員や支援員などの人的配置が挙げられていますが，財政状況の厳しさを理由にかならずしも進捗^{しんちょく}しているとは言えません。

　学習指導要領解説における「障害のある児童生徒への配慮についての事項」と障害者差別解消法に規定された「合理的配慮の提供」は，学校において取り組むべき事項として示されているにもかかわらず，基礎的環境整備などがなおざりのため，実際の対応は教師に丸投げされているといってもおかしくない状況です。現状の学級規模では，授業を担当する教師が子ども一人ひとりの教育的ニーズに合わせて支援をするには限界があり，結果として障害のある子どもの授業への参加が保障されなくなります。つまり，子どもや保護者が希望する支援・配慮の内容と実際にはズレが生じ，子どもが通常学級にいながらも実質的には参加ができていない「ダンピング」（投げ込み）の状況になりかねないのです。

5　通級による指導

　1993年に学校教育法施行令・学校教育法規則の一部が改正され，同年4月から「通級による指導」が開始されました。通級による指導とは，通常学級に在籍している子どもが，大部分の授業をそこで受けながら「障害に応じた特別の指導を特別の指導の場で行う指導形態」です。指導の対象となるのは，①言語障害，②自閉症，③情緒障害，④弱視，⑤難聴，⑥学習障害（LD），⑦注意欠陥多動性障害（ADHD），その他特別の教育課程による教育を行なうことが適当なものとされています。

　教科指導の補充とともに，特別支援学校の学習指導要領に規定された「自立活動」に取り組むこととされ，週に1単位時間から週に8単位時間（年間280時間）までが標準とされています。なお，学習障害（LD）および注意欠陥

多動性障害（ADHD）の子どもについては，指導効果との関連から標準が月に1単位時間から週に8単位時間までとされています。

　在籍する学校で指導を受ける「自校通級」のほか，近隣の学校に通級する「他校通級」，担当教師が該当する子どもの学校に赴く「巡回指導」があります。なお，他校通級は保護者の同伴が原則とされているため，家族の負担によって成り立っている側面があります。

　通級による指導の場である「通級指導教室」は，全国の小・中学校の2割程度にしか設置されておらず，指導が必要と判断される子どものすべてが利用できる状況にはなっていません。先に「通級よる指導を利用している者は13.3万人（全児童生徒の1.4%，2011年度と比較して2.0倍の増加）」と示しましたが（107ページ），利用人数はこのように増加する一方，平均指導時間数は減少しており，十分な指導時間が確保できていないと指摘されています（越野，2023）。

　通級指導教室を担当する教師は「公立義務教育諸学校の学級編制及び教職員定数の標準に関する法律」（標準法）によって，児童生徒13人に1人の配置と規定されていますが，特別支援学級と同様に，必要とする子どもが1名でもいる場合には通級指導教室を開設することが必要と考えます。

6　特別支援学級

　学校教育法第81条は，小学校・中学校・義務教育学校・高校・中等教育学校に「特別支援学級を置くことができる」と規定しています。学級の設置は障害種別に行なわれ，①知的障害，②肢体不自由，③病弱・身体虚弱，④弱視，⑤難聴，⑥言語障害，⑦自閉症・情緒障害を対象にしています。特別支援学級は，学年ごとに編制される通常学級とは異なり，障害種別ごとに学年を超えて最大8名までの**複式学級**で設置されることになっています。

複式学級
　小・中学校において2つ以上の学年の児童生徒を1つに編制した学級。児童生徒数が著しく少ない小規模校などにも設置されています。小規模校では，最大でも「2つ」の学年による複式ですが，特別支援学級においては「2つ以上」の学年の児童生徒が在籍することもまれではありません。

特別支援学級での授業は，通常学級と同様に学年相当の教科書を使用するものから，特別支援学校（知的障害）の教育課程である「領域・教科を合わせた指導」までと幅が広く，「自立活動」の実施が必須とされています（詳しくは，本書第3章を参照してください）。また，通常学級の子どもと一緒に学び，日常生活や行事などをともにする「交流及び共同学習」が位置づけられています。朝の会や帰りの会，給食，行事，クラブ活動などを通常学級の子どもと一緒に活動するものを「交流」とし，教育課程上の「授業」に参加してともに学ぶことを「共同学習」としています。

　障害者基本法第16条では，学校を設置する国および地方公共団体に対して，「可能な限り障害者である児童及び生徒が障害者でない児童及び生徒と共に教育を受けられるよう配慮」することを求め，「障害者である児童及び生徒と障害者でない児童及び生徒との交流及び共同学習を積極的に進めることによって，その相互理解を促進しなければならない」としています。つまり，交流及び共同学習は，単に障害のある子どもとそれ以外の子どもが「場」を共有するだけではありません。授業や行事などの活動に「一緒に取り組む」「一緒に参加する」ことが，誰にとっても豊かな学びや発達に寄与し，一人ひとりの相互理解につながるものでなければなりません。そのためには，ねらいを明確にしながら計画を練り上げ，教員配置を含めた条件整備が必須です。また，検討を経て，この活動は「交流及び共同学習では行なわない」という判断がなされることもあるでしょう。

　たとえば，特別支援学級の子どもがまったく理解できない状態で通常学級の授業に参加していたり，通常学級のルール・スタンダードに合わせることが交流及び共同学習の条件とされ，障害のある子どもが強い緊張状態のなかで授業や行事に参加しているといった状況も報告されています。これは，「障害の有無によって分け隔てられることなく，相互に人格と個性を尊重し合いながら共生する社会を実現するため」（障害者基本法第1条）のプロセスとは程遠いものと言わざるをえません。

　一方，文部科学省は「特別支援教育を担う教師の養成，採用，研修等に係る方策について（通知）」（2022年3月）を発出し，「全ての新規採用職員が概ね10年以内に特別支援教育を複数年経験することとなるよう人事上の措置を

講ずるよう努めること」を示しました。所持する免許や経験，個々の関心などにかかわらず，若手段階の教師が特別支援学級の担任になることが増えると予想されます。

特別支援教育を担う教師には，子ども理解や障害理解とともに，特別の教育課程を踏まえた授業づくり，集団づくりや交流及び共同学習の立案など，「小・中学校における特別支援教育の専門性」が求められます。その専門性は教師にどのようにして育まれ，高められていくのか。しっかりとした議論が必要です。

7　障害のある子どもの就学

義務教育段階では，子どもが学ぶ場所のことを「就学先」と言い，その決定や変更には法令で定められた手続きがあります。学校教育法施行令では，子どもの就学先を決定するのは「市町村教育委員会」と規定していますが，決定のプロセスにおいて「本人・保護者の意見を最大限尊重（可能な限りその意向を尊重）し，教育的ニーズと必要な支援について合意形成を行うことを原則」としています（**図Ⅱ-1**）。

多くの自治体では，教育委員会のなかに「教育支援委員会」を設置し，障害のある子どもの入学や在籍変更の手続きを行なっています。発達や障害の状態，教育上必要な支援内容などを確認し，本人や保護者，専門家などの意見を聴取する機会を設け，就学先を決定します。

就学先の決定は，既存の学級・学校から「選択」するだけではなく，子どもの実態と教育的ニーズから必要な教育環境を明らかにし，就学先にその条件整備をめざす取り組みでなければなりません。しかし実際には，現状の限られた資源のなかから，子どもや保護者に対して「貧しい選択」をせまらざるをえない状況もあります。

就学先決定に伴う条件整備の視点は，障害を生物・心理・社会モデルで捉えるものですが，現在使用されている基準は「医学モデル」に拠っています。たとえば，小・中学校の特別支援学級は障害種別により学級が編制されます

図Ⅱ-1　障害のある児童生徒の就学先決定について（手続きの流れ）

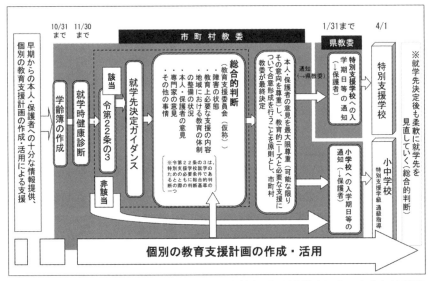

出典：文部科学省初等中等教育局特別支援教育課（2013）教育支援資料

が，子どもの実態と学級の構成員の状態によっては，異なる学級に在籍した
ほうがより良い教育を受けられるということもあります。また，障害種別ご
とに8人が上限という学級編制基準も子どもの実態とはそぐわず，適切かつ
十分な支援ができないということにもなりかねません。

　就学先決定の手続きが，学校や地域の状況を踏まえつつ，子どもの実態に
もとづいて必要な条件整備を構築するものとするために，法令・基準の改正
が求められます。

8　高校における特別支援教育

　学校基本調査によると，中学卒業生の高校進学率は98%であり，ほぼすべ
ての中学生が卒業後は「進学」を選択しています。

　「中学校特別支援学級卒業者の状況」（2021年3月末卒業者）では，中学校特
別支援学級卒業生2万6960人のうち高校への進学者は1万4765人（54.8%），

特別支援学校高等部への進学者は1万796人 (40.0%) であり，定時制や通信課程を含む一般高校への進学者は半数以上にのぼります。

　特別支援教育は，「特別な支援を必要とする幼児児童生徒が在籍するすべての学校において実施される」(文部科学省) ものであり，一般高校でも実施されなければなりません。しかし，義務教育段階と比較すると，①学校教育法に規定される特別支援学級が設置されていない，②一部の地域・学校を除き特別支援教育支援員が配置されていない，③同一の教育課程において単位の修得が必要であり，障害のある子どもや教育的ニーズを持つ子どもにとって進級や卒業において困難に陥りやすいなどの状況があります。

　2018年度からは，高校でも「通級による指導」が実施できるようになりましたが，通級指導教室で学ぶ生徒数は1300人 (2021年度) にとどまっています。高校が「通級による指導が必要と判断した生徒のうち通級による指導を行わなかった生徒」についての調査では，「本人や保護者が希望しなかったため」という理由に次いで，「通級による指導の担当教員の加配がつかず巡回通級や他校通級の調整もできなかったため」となっており，高校においても条件整備の課題が顕在化しています。

「障害者の権利に関する条約」

　「私たち抜きに私たちのことを決めないで！」（Nothing About us, without us!）という合言葉のもと，世界各国の障害当事者が参画してつくられたのが「障害者の権利に関する条約」（障害者権利条約）です。2006年に国連総会で採択された障害者権利条約は，2014年２月に日本国内での効力を発しました。

　日本では，条約の批准に合わせて，障害者基本法・障害者雇用促進法を改正するとともに，障害者総合支援法・障害者差別解消法などを新たに制定しました。

　「ノーマライゼーション」という言葉に象徴され，記念事業や啓発活動が行なわれた「国際障害者年（1981年）」から40年余り。今日，なぜ障害者権利条約が必要とされるのでしょうか。それは，人として，すべての市民に当たり前に保障されるべき権利の一部が，いまだ障害のある人には保障されていないという現実があるからです。すべてが可視化されているわけではなく，実感しづらい方もいるかもしれませんが，この日本社会において障害を理由とした差別や人権侵害，排除といった事案はなくなっていません。

　そのような社会のあり様に対し，障害のある人が人として当たり前に生きるための施策と責任をあらためて締約国に課し，広く市民の理解を促すために，新たな条約が必要とされたのです。

　障害者権利条約の中核の一つは，ソーシャル・インクルージョン（社会的包摂・包容）です。これは，障害のある一人ひとりが他者と「つながり」を持ち，安心・安全な「居場所」があり，あらゆる機会への「参加」が社会・地域のなかで保障されることを意味します。

　この実現のためには，障害の有無にかかわらず「すべての市民」が包摂・包容される社会や地域をつくらなければなりません。なぜならば，そのような社会でなければ，時として弱い立場に置かれがちな障害のある人が排除されやすいのは明らかだからです。

　条文に示された理念を絵に描いた餅で終わらせないために，私たちの身近なところから見回してみませんか。

特別支援学校における教育

1 障害児教育の歴史

　特別支援教育のあり方を考え，今後を展望するために，障害のある子ども
の教育の歴史を少しだけふり返ってみましょう。

　以下の文章は，1960年代に小児科医から「脳性マヒ」との診断を受け，
「知能は測定不能」とされたわが子を育てた山本民子さんが，子どもの就学
について回想したものの一部です。

　　　愛はあっても教育者ではない親は，何をどう教えたらよいのやら見当も
　　つかず，不安で悲しい毎日がつづきました。どうすることもできずに家庭
　　に放置している間に，とりかえしのつかない大切な時間を刻一刻失って困
　　ったくせをたくさんもった子に育ってしまいました（山本，2014）。

　山本さんのお子さんは，学齢期になっても「障害があることを理由に」学
校に通うことができませんでした。

　1947年に施行された日本国憲法は，第26条において「すべて国民は，法
律の定めるところにより，その能力に応じて，ひとしく教育を受ける権利を
有する」と規定し，国民の「教育を受ける権利」を定めました。その後，教
育基本法が施行され，小・中学校では1947年から現行の9年間の義務教育が
開始され，盲・聾学校は1948年から学年進行で義務制が実施されました。

　一方，知的障害や肢体不自由，重度・重複障害のある子どもを対象とした

学校教育は，一部の地域において養護学校や特殊学級が設置されたものの，全国的には憲法・教育基本法の施行から30年以上が過ぎた1979年の「養護学校学校義務制」まで待たなければなりませんでした。

　障害のある子どもの保護者は，周囲の子どもたちと同じように「わが子を学校に通わせたい」とねがいながらも，その思いとは正反対である**就学猶予・免除**の「願い出」を出さなければなりませんでした。日本の教育は，〈保護者にその意に反した願い出を強いることにより〉障害のある子どもを学校教育から排除し，教育を受ける権利を保障しなかった歴史を持つのです。

　就学猶予・免除となった子どもたちの多くは，家から外出する機会がほとんどなく，在宅生活に閉じこめられていました。目的的活動のない単調な生活がくり返されたために，生活リズムが崩れ，発達的にもそれまでできていたことができなくなり，いのちを落とす子どももいました（河合，2018）。学校教育からの排除は，障害のある子どもの発達に必要な教育と遊びや他者とのコミュニケーションがあるゆたかな生活が奪われることであり，結果としていのちや健康の危機にさらしたのです。

　このような状況のなか，「わが子を学校に通わせたい」という保護者のねがいや「学校に行きたい」「友だちがほしい」という子どものねがいに教師や福祉関係者，教育研究者らが呼応し，1960年代後半から70年代初頭にかけて「不就学児をなくす運動」が全国各地に広がりました。この運動は，就学猶予・免除にされていた子どもたちの生活や発達の実態を掘り起こし，社会に重要な問題提起をしました。その後，1973年に出された「学校教育法中養護学校における就学義務及び養護学校の設置義務に関する部分の施行期日を定める法令」（義務化予告政令）により養護学校義務制実施を迎えますが，不就学児をなくす運動が義務制実施を後押ししたことはまちがいありません。

就学猶予・免除

　学校教育法第18条は「（略）保護者が就学させなければならない子で，病弱，発育不完全その他やむを得ない事由のため，就学困難と認められる者の保護者に対しては，市町村の教育委員会は，文部科学大臣の定めるところにより，（小学校・中学校などへ就学させる）義務を猶予又は免除することができる」と規定しています。養護学校義務制以前は，障害のある子どもが福祉施設の入所・通所の条件ともされていました。2021年現在，就学猶予・免除者は3958名です。

2　特別支援学校とは

（1）特別支援学校の目的

　特別支援学校とは，「視覚障害者，聴覚障害者，知的障害者，肢体不自由者又は病弱者（身体虚弱者を含む。以下同じ。）に対して，幼稚園，小学校，中学校又は高等学校に準ずる教育を施すとともに，障害による学習上又は生活上の困難を克服し自立を図るために必要な知識技能を授けることを目的とする」（学校教育法第72条）と規定されています。

（2）学校数と児童生徒数

　特別支援教育資料（2021度版）によると，全国にある特別支援学校の数は，分校を含め1160校，在籍者数は幼稚部から高等部までを合わせて14万6285人，教員数は8万6141人です。10年前の2011年の学校数・在籍者数は1049校・12万6123人ですから，「少子化」にもかかわらず学校が増え，児童生徒数も大幅に増加していることがわかります。なお，増加しているのは，知的障害の子どもを対象とした特別支援学校であり，それ以外は統計上ほぼ横ばいという状況です。

（3）特別支援学校の狭隘化と「設置基準」

　児童生徒数の増加は学校の狭隘化（きょうあいか）をもたらし，音楽室などの特別教室を普通教室に転用したり，廊下で授業を行なっている状況も見られます。また，本来は子どもの実態を踏まえてつくられる授業内容や集団編成は，使用できるスペースに合わせて検討せざるをえない事態が恒常化しています。このような状況は，教師が子どもの安全確保に神経を尖らせなければならず，本来ならば不必要なルールの設定や子どもを規制する場面が増えています。

　教育関係者を中心に設置基準をつくる運動が展開され，2022年4月に「特別支援学校設置基準」が施行されました。この基準は，学校を新設する場合に適用されますが，既存の学校にも基準を下回らないことが求められており，その具現化が急がれます。また，子どもたちが安全安心のなかで過ごすことができる学校環境を実現するためには，基準自体の改善が求められます。

（4）センター的機能

学校教育法第74条では，特別支援学校の役割として「幼稚園，小学校，中学校，義務教育学校，高等学校又は中等教育学校の要請に応じて，（略）幼児，児童又は生徒の教育に関し必要な助言又は援助を行うよう努めるものとする」とし，「センター的機能」を規定しています。

センター的機能とは，特別支援学校が蓄積してきた知見や専門性を地域の学校などと共有を図る取り組みです。地域支援を担当する特別支援教育コーディネーターが，依頼された学校に出かけ，授業の様子や教室環境を観察して助言を行なうほか，障害や発達にかかわるアセスメントの実施や就学・転学にかかわる相談への対応などを行ないます。また，教材教具の貸し出しや教職員を対象とした研修も実施します。

予算の関係から派遣の回数に制限があるとともに，支援内容が派遣先の学校で十分に活用されていないといった課題が指摘されています。

（5）教育課程

学校教育法第76条では，特別支援学校は小学部と中学部を設置することを原則とし，幼稚部または高等部を並置あるいはその一つだけを設置することができると規定しています。

特別支援学校の教育課程は，各学部の「特別支援学校学習指導要領」にもとづいて編成されます。特別支援学校には，各教科，道徳，特別活動，総合的な学習の時間などのほかに，「自立活動」の領域があります。

教育課程は，「視覚障害」「聴覚障害」「肢体不自由」「病弱」を対象としたものと「知的障害」を対象としたものとで大きく異なります。前者は，小学校・中学校・高校の学習指導要領に「準ずる」教育課程とされ，小・中・高校の教育課程に自立活動を加えたものが基本となります。一方，知的障害を対象とした教育課程では，他の学校・障害種とは開設する教科が異なるほか，「領域・教科を合わせた指導」が示されています。

「領域・教科を合わせた指導」とは，①日常生活が充実し高まるように日常生活の諸活動について計画的に指導する「日常生活の指導」，②主に小学部段階において遊びを学習の中心に据えて意欲を育み，仲間とのかかわりや

心身の発達を促す「遊びの指導」，③生活上の目標を達成したり課題を解決したりするために一連の活動を組織的・体系的に経験し総合的に学習する「生活単元学習」，④働く意欲を培い，将来の職業生活や自立に必要な事柄を総合的に学習する「作業学習」の4つがあります。

また，自立活動は，「障害による学習上又は生活上の困難を主体的に改善・克服する」ことを目的とし，「健康の保持」「心理的な安定」「人間関係の形成」「環境の把握」「身体の動き」「コミュニケーション」の6区分・27項目の内容で構成されています。

（6）訪問教育——どんなに障害の重たい子どもにも教育を

訪問教育は，障害や病気を理由に特別支援学校に通うことが困難な子どもを対象として，教師が家庭や児童福祉施設，病院などを訪問し，授業を行なうものであり，1979年に制度化・本格実施されました。1学級3人の学級編制で，子どもの実態に合わせて教師と子どもの1対1の授業が基本となりますが，施設や病院では小集団で授業が行なわれたり，オンラインによって本校の子どもたちと交流しながらの授業にも取り組まれています。

教育課程は，多くは「自立活動」を中心にしたものが組まれ，1人あたり週3日，1日2時間程度をめやすに行なわれています。一方，病院では，学年相応の教科学習に取り組む子どもがおり，授業回数や教科の専門性の確保が課題となっています。訪問学級の在籍者の割合は減少していますが，在宅医療が進み，人工呼吸器の使用を含む複数の**医療的ケア**を必要とする超重症児など，障害の重たい子どもたちの在籍が増加しています（猪狩，2020）。

訪問学級に在籍する子どもの「通学が困難な理由」では，①近くに特別支援学校がない，②学校における医療的ケア体制の不十分さ，③通学手段の確保の難しさなどがあります（猪狩，2020）。たとえば，通学のための移動が体調を悪化させるリスクになること，通学バスでは医療的ケアに対応しておらず保護者が送迎しなければならないこと，学校には看護師が配置され医療的

医療的ケア

　一般的に，学校や自宅などで日常的に継続して行なわれる喀痰吸引や経管栄養，気管切開部の衛生管理，導尿，インスリン注射などの医行為とされています。

ケアが実施されていても寄宿舎では実施されていないことなどがあります。

　筆者は，本節の冒頭に訪問教育の対象として「障害や病気を理由に特別支援学校に通うことが困難な子ども」と記しましたが，「困難」の背景には「近くに特別支援学校がない」などの「教育条件の整備」の課題があります。

　訪問教育の実践について，垂髪（うない）あかりさん著作から実践の一部を紹介します。

　　ベッドサイドで「朝の会」や「リズム・からだ」「つくる・さわる」「しぜん」の学習をします。「朝の会」には，先生が，みんなの声を録音して聞かせてくれます。「おはようございます，Ｆく〜ん！」とみんなの呼びかけが聞こえると，Ｆくんは口を少し緩めて笑顔を見せます。家族と過ごす時間が多いＦくんにとって，クラスメイトの声は新鮮なようです。

　　絵の具でフィンガーペインティングをしたり，学校の畑から教員が持ってきたそら豆をちぎって収穫体験をしたり，できるだけクラスのみんなと同じ活動をします。Ｆくんが自宅で作った作品は，訪問教育担当教員が教室に持ち帰り，クラスの掲示板を彩ります（垂髪，2022）。

　Ｆさんの自宅にて教師と二人きりの学習が中心ですが，本校の子どもたちの声にふれ，集団とのつながりを持ちます。ほとんどの時間を家で過ごすＦさんには，間接的であっても家族以外の人とふれる経験は貴重です。また，教室での作品の掲示は，本校の子どもたちにＦさんが仲間だという認識を育み，スクーリングや行事の際に交流を深めるきっかけになるでしょう。

（7）寄宿舎における生活教育

　通学区域が広い特別支援学校には，寄宿舎が設置されています。学校教育法第78条は「特別支援学校には，寄宿舎を設けなければならない。ただし，特別の事情のあるときは，これを設けないことができる」と規定しており，設置率は2018年度で27.1％です（小野川ら，2019）。

　寄宿舎は，時代のニーズに合わせてその機能や役割を変化させてきました。今日「寄宿舎の機能」として，①学校から離れた地域に居住し通学が困難な

子どものための「通学保障機能」，保護者の就労や養育困難など家庭の事情を踏まえてケアを行なう「福祉的機能」，③生活リズムを整え，人とのかかわりや生活技術を育てる「教育的機能」，④放課後の余暇や居場所となる「放課後保障機能」などがあります（能勢，2020）。

入舎する子どもの減少や，通学バスの増便によって「通学保障機能」が低下したことを理由に，寄宿舎の廃止・縮小が進められています。また，新設された特別支援学校に寄宿舎は設置されていません。筆者が住む北海道では，通学区域の特別支援学校に寄宿舎が設置されていないため，250km以上も離れた寄宿舎がある特別支援学校に在籍を余儀なくされた子どももいます。

寄宿舎は，障害のある子どもの日常生活を通した発達を支援する場所であるとともに，精神的な自立を促す「寝泊りのある生活」や「仲間との共同生活」があることから，放課後等デイサービスやショートステイなどとは異なる独自性があります（小野川，2022）。

寄宿舎での生活について，寄宿舎指導員だった柴田久美子さんの論考から紹介します。

　　直樹くんは，4人暮らしのなかで，先輩たちの動きを見ながら行動してきました。周りの先輩たちも，直樹くんが困っていると手を貸してくれます。登校前，ワイシャツの手首のボタンがはめられず困っていると，同室の先輩が手伝ってくれました。直樹くんはその後，クリーニングしたワイシャツを袋から出しておくときに，先に手首のボタンをはめておくことを自分で考えました。片手でボタンをするのは難しいことが経験上わかったのでしょう。こうした先輩に助けられつつも，自分なりに工夫し賢く生活する面も出てきました（柴田，2014）。

先輩に助けられながら，試行錯誤して自分なりの工夫を見つける直樹さん。生活のさまざまな場面で先輩をモデルにしたり，アドバイスを得るほか，直樹さんが他の寄宿舎生をサポートすることもあるでしょう。仲間との共同生活を通して，自分の生活を確立するための歩みを着実に進めています。

（8）青年期の教育

　1974年以降，高校への進学率は90%を上回り，中学を終えた子どものほとんどが進学しています。一方，障害のある子どもたちは，高等部への進学者は増加したものの，過去には自立通学可能，身辺処理の自立，教育課程の履修可能などの「入学要件」を設けている自治体が少なくありませんでした。

　1980年代から90年代にかけて全国各地で「養護学校高等部への希望者全員入学を求める運動」が展開され，高等部の新設・増設が続き，1998年の訪問教育の本格実施により，高等部希望者全員入学が実現しました。

　今日，知的障害のある子どもの進学先としては，特別支援学校高等部（高等支援学校を含む），高校（全日制・定時制・通信制），私立高等専修学校などがあります。中学校時代，特別支援学級で学んだ子どもたちのなかには，一般の高校への進学を希望する者も少なくなく，その数は増加傾向にあります。学校教育法第81条2項では「（略）高等学校及び中等教育学校には，（中略）特別支援学級を置くことができる」と規定していますが，実現はしていません。また，高校でも「通級による指導」が開始されましたが実施数はわずかであり，さらに知的障害は対象とされていません（本書第2章参照）。

　高等部卒業後も「もっと学びたい」「大学生になりたい」という障害のある青年の声とともに，家族や関係者の「もう少しゆっくり，じっくり自立に向けた学習をさせたい」というねがいをもとに，青年期の学びの場が拡大しています。特別支援学校高等部に専攻科を設置する学校もありますが，その数は少なく，障害福祉サービスを活用した「福祉事業型専攻科」がその役割を果たす場として期待されています。障害者総合支援法の**「自立訓練（生活訓練）」**事業を活用したものです。

　以下は，特別支援学校高等部を卒業した青年たちが通う福祉事業型専攻科「チャレンジキャンパスさっぽろ」の取り組みを同キャンパスの通信から紹介させていただきます。

「自立訓練（生活訓練）」
　障害者総合支援法では，「自立訓練事業」は「自立した日常生活又は社会生活を営むことができるよう」に，「身体機能又は生活能力の向上のために」必要な訓練などとされます。同法施行規則では，「生活訓練」は2年間を期間として定め，「入浴，排せつ及び食事等に関する自立した日常生活を営むために必要な訓練，生活等に関する相談及び助言その他の必要な支援」と定義づけています。

秋の挑戦がありました。今回は新型コロナウィルスの影響もありテイクアウトをテーマに挑戦を行いました。グループごとにテイクアウトしたいものを考え集合場所を中島公園のkitara前として計画を立てました。テイクアウトしたいものとして唐揚げやリゾット，メロンパン，おにぎりとうどんなど様々なものを各グループで考え計画を立て行いました。計画の中では意見が割れたりなかなかテイクアウトをするものが決まらないグループもありましたが，当日までに各グループが話し合いを行い楽しい計画を立てることができました（「にじいろサポーター」第19号，2020年）。

　「挑戦」とは，グループに分かれ外出活動を行なう学習の一つです。目的地までの行程や移動手段，費用などをみんなで調べ，計画を立てます。テイクアウトは自分の食べたいものと仲間の食べたいものが一致するとは限らず，意見を出し合いながら調整する必要があります。

　「仲間と楽しく出かけたい」という思いは，何ごとも他人任せにはせず，一人ひとりを学び考える主体的にさせます。実際の外出では，計画通りにいかないこともありますが，成功と失敗をくり返すなかで学んでいきます。

3　すべての子どもに教育を保障する学校

（1）重なり合う困難を抱える子どもたち

　特別支援学校は，本章冒頭に示したとおり「視覚障害者，聴覚障害者，知的障害者，肢体不自由者又は病弱者」を対象とした学校です。一方，この子どもたちのなかには，障害以外に発達・生活上の困難を抱え，支援へのニーズを持つ子どもがいます。

　筆者の臨床経験から，障害に加えて，なんらかの困難や支援へのニーズを持つ子どもについて，いくつか具体的な例を挙げて紹介します。

　一つには，ネグレクト傾向を含む児童虐待を受けている子どもです。各種調査では，障害のある子どもはそうでない子どもに比べて，被虐待のリスクが高いことが報告がされています。虐待を受けていたとしてもSOSを出すこ

とができない子どもが想定され，周囲のおとなが気づかずに潜在化している可能性があります。児童虐待防止法の改正により親からの体罰は禁止されましたが，しつけのためになんらかの場面で体罰を容認する人は4割を超えており（セーブ・ザ・チルドレン・ジャパン，2021），法の理解とともに「なぜ，体罰がいけないのか」の啓発が必要です。

　二つには，保護者の疾患や障害により，家庭生活への支援が必要な子どもです。このなかには，自らも障害による困難がありながら，ヤングケアラーとして家族を物理的・精神的に支えている子どもがいます。家庭の生活状況は教師には見えづらく，ケアによる疲れや精神的な不安定さを「障害特性」のみに関連づけて理解されてしまう懸念があります。

　三つには，トランスジェンダーやクエスチョニングなど，セクシャルマイノリティの子どもです。制服や性別によるグループ分けなどに抵抗があり，思春期には「自分は何者なのか」と不安や混乱を高め，友人関係で悩む子どももがいます。自閉スペクトラム症者から性別違和の訴えが比較的多く聞かれ，ジェンダークリニックの受診者が多いことも報告されています（森井，2022）。

　さらに，貧困の状態にある子ども（本書第4章参照），不登校の状態にある子ども，外国につながりのある子どもなど，この他にも重なり合う困難を抱える子どもたちが特別支援学校に在籍していることが想定されます。

（2）重なり合う困難を抱える子どもの理解と対応

　重なり合う困難を抱える子どもの理解と対応について，反抗挑発症（反抗挑戦性障害）という診断を受けた子どもを例にさらに詳しく記します。

　反抗挑発症は，その原因背景として，生物学的要因と心理社会的要因が指摘されています。後者には親からの虐待，不十分なしつけや養育，親子間の葛藤があり，発達障害特性に被虐待が重なった時に発症するリスクがより高まるとされています（齊藤，2009）。反抗挑発症の特徴である「挑発的な行動」や「かんしゃく」，「大人との口論」といった状態は，周囲の子どもを傷つけるような言動を伴うことがあり，教師の拒否的な感情を引き出します。

　問題行動をくり返すのは本人の自己責任であるとして，学級・学校から切り離す厳しい対応がとられる場合があります。しかし，先にも述べた通り，反抗

挑発症の多くは，子どもには避けることができない被虐待を背景に持つもので
す。また，筆者の臨床によれば，教師による「強い指導」が子どものより激し
いエネルギーを誘発し，悪循環を起こしているケースもあります。

　医療機関などの外部機関と連携しつつ，学校において他者（おとな・教師）
は信頼に足るものだと実感できる地道なかかわりが求められます。加えて，
これらの対応を教師個々に委ねるのではなく，学校としてしっかりと受け止
められるような支援体制の整備も進めなければなりません。

　ところで，反抗挑発症という診断には至らなくとも，「挑発的な行動」や
「大人との口論」をする子どもがいます。寄宿舎指導員だった柴田久美子さ
んは，次のように述べています。

　　（学校が終わって寄宿舎に帰ってきた子どもに）「おかえり！」と笑顔で声
　をかけると「クソババア，帰れ！」と罵声を浴び，こちらの心が折れそう
　になってしまうこともあります。（略）思い切りフンッ！と顔を背けたこ
　とがその子の精一杯のアピールであり，その時の情動的な表現と捉えたな
　ら，そんな私を受け止めてほしいという願いとしてみることができます。
　（略）安心して悪態をつく，そんなことをしても見放されないという絶対
　的な安心感があるからだと捉えると，これまでの地道なかかわり方が深ま
　ってきた証とも考えられます（柴田，2014）。

　柴田さんの子ども理解と対応から学ぶことは，子どもにとって「見放され
ないという絶対的な安心感」は，寄宿舎だけでなく，学校全体において保障
すべき事柄です。

　養護学校義務制前の1970年に開校した京都府立与謝の海養護学校は，学
校づくりの理念として，①すべての子どもにひとしく教育を保障する学校を
つくろう，②学校に子どもを合わせるのでなく，子どもに合った学校をつく
ろう，③学校づくりは箱づくりではない，民主的な地域づくりである，の3
点を掲げています。

　今日，特別支援学校において，多様な実態にある「すべての子ども」に一
人ひとりの発達を保障するゆたかな教育実践を提供するために，その「子ど

もに合った」学校づくり・教育課程づくりが求められています。例にあげた「挑発的」「反抗的」な言動を示す子どもたちが,「自主退学」という形で特別支援学校を去るのを見る時,あらためて「すべての子ども」の教育を保障する「子どもに合った学校」づくりはどうあるべきかを考えるのです。

4　心理的拠点としての特別支援学校

　私たち発達障害者の多くが,学校から離れて何十年も経過しているにもかかわらず,引き続き「学校」に関する困りごとを抱えている様子が見えてきた。学校にまつわる経験が,「つらいながらも過去の遠い思い出」として薄れることなく,今なお大きな傷となって,陰に陽に現在の生活に悪影響を及ぼしつづけているのである（綾屋,2018）。

　この一文は,自らが自閉スペクトラム症であることを公表し,「発達障害者が中心となって運営,参加する当事者研究を行う会」（以下,「会」と記します）を主催する綾屋紗月さんが,「当事者研究」に参加する人の声にもとづき記したものです。20代～60代の参加者は,学校段階で「いじめられた経験をもつ者,いじめられずには済んだが,学校の集団生活におけるルールのわからなさに脅えながら日々をサバイバルしたり,不登校というかたちで身を守ったりしてきた者」が少なくないと言います。

　特別支援教育がスタートしてから15年余りが経過した今日。その理念・実践のもとで学び学校生活を送ってきた子どもたちは,「学校」をどのように語り,ふり返るでしょうか。

　綾屋さんら「会」の参加者の語りは,「特別支援教育開始以前の話」として割り切ることができない,今日の特別支援教育のあり方に対する問題提起として受け止めることができます。それは,筆者も,自らの臨床において綾屋さんらの語りと共通するような青年たちの語りに耳を傾けてきたからです。

　高校や高等支援学校に在籍する青年たちは,筆者との面談において小学校・中学校段階での「傷ついた経験」を語りました。その傷つきは,周囲の子ども

たちとの関係とともに,「教師に理解されなかった」「教師に求めたのに応えてもらえなかった」ことであり, 学校や教師への不信感につながっていました。また, その経験と感情は記憶として残り続け, ある青年は「トラウマ」と称するほどつらい記憶として, 現在の学校生活にも影響を及ぼしていました。

　筆者は, その語りに耳を傾け続けることしかできなかったのですが, 面談を継続していくうちに, 語る内容が少しずつ変化していることに気づきました。それは, 過去のエピソード自体は変えられないものの, 本人の意味づけが少しずつ変わり, 他者に対して攻撃的だった感情が以前に比べると弱まっているのでした。意味づけや感情が変化した背景を探ると, ゆたかな仲間関係や信頼できる教師との出会い, チャレンジした行事とそこでの賞賛など, 現在の学校生活の充実が「自分」を肯定的に捉える支えとなり, 過去のネガティブな記憶を相対的に小さくしたものと理解しました。

　今日, 特別支援学校に在籍する子どもたちは, これまでの生育歴のなかでさまざまな傷を受けてきたのかもしれません。子どもの語りから「学校」「教師」「保護者」を見てみると,「学校とはこういうところ」「子どもはこうあるべき」といったものが強化され, いわゆる“隙間”や“あそび”が少なくなり, 学校が硬直化しているように感じられます。それは, 精神科医の岩波明さんが指摘するように, 不寛容化する日本社会全体の状況が子どもたちのコミュニティである学校にも侵入してきているのかもしれません (岩波, 2017)。また, 今日の社会状況は, 保護者や教師も巻きこみ, 子育てや教育実践における苦しさ, 大変さにつながっているのかもしれません。

　子どもにとって安全・安心が感じられ, 毎日の学習活動が楽しく充実し, 仲間や教師とのゆたかなつながりがある学校。そこでの教育活動は, 障害のある子どもの発達を保障するとともに, これまでの傷を癒すものかもしれません。また, 学校卒業後の自らを支え, 励ます「心理的拠点」ともいうべき記憶になる可能性があります。

　いま特別支援学校は, どのような学校つくり, どのような教育実践を創造していくべきか。子どもや保護者とともにそれぞれの希望や苦しさを語りながら自由闊達な議論が求められています。

言語としての手話

　ある時，聴こえに障害のある友人の案内で，彼の母校である聾学校を見学しました。その幼稚部では，手話や指文字を用いながら，単語の発音練習をしていました。また，コミュニケーションの意欲を高めるために，集団によるレクリエーションが行なわれており，楽しい遊びを通して，子どもたちからすると「いつの間にか」ことばを学んでいるという場面でした。

　筆者は，この教育実践に感銘を受けたのですが，案内してくれた友人は，憮然とした表情で子どもたちの様子を見ていました。

　彼は，幼児期に同じ学校において，「手話や指文字を使ってはいけない」と厳しく指導されていました。少しでも手を用いて表現しようとするならば，叱責の言葉がとび，手の甲をたたかれることもあったと言います。そして「社会に適応するため」に，自らも発声し，他者の唇の動きと形からことばを読む「口話」の訓練が徹底されました。補聴器をつけてもほとんど聴こえなかった彼にとって，口話法の訓練とそれを用いたコミュニケーションには，大変な苦労があったことは想像に難くありません。

　彼の憮然とした表情は，子どもに対して優しくなった学校への不満ではなく，一面的な「社会への適応」という目標のために，手話という言語とコミュニケーションのツールを捨てて生きざるをえないなかで形成されたアイデンティティが大きく揺らいだことの表れと感じられました。

　「手話は，音声言語である日本語と異なる言語であり，ろう者のコミュニケーションや，思考，論理，感性，情緒等の基盤となるものとして，ろう者の間で大切に育まれてきた。」

　これは，筆者が起草に加わった「釧路市手話言語条例」前文の一部です。手話が排斥され，手話を使うことが権利として保障されなかった時代は，社会の側が「ろう者から言語を奪ってきた歴史」と言い換えることができます。

　今日，そのような歴史を乗り越え，幅広い多くの市民に手話が共有されることによって，手話は言語として輝くのです。

第4章

家族とのかかわり

1　教師と保護者のかかわり

事例から，教師と保護者のかかわりについて検討してみましょう。

〈事例1-①　学校で見られる子どもの様子〉

　小学3年生のヒロキさんは，朝起きられないことを理由にして遅刻することが多く，欠席する日があります。登校しても午前中は落ち着きなく教室を動きまわり，最近はイライラを抑えきれずにクラスメイトとのケンカが増えてきました。

　ヒロキさんに起きられない理由を尋ねると，連日遅い時間までゲームをしていることがわかりました。家庭では兄と一緒にほとんどの時間をゲームで過ごし，生活リズムが崩れているようです。

　多くの教師は，かかわる子どもに対して「毎日元気に過ごしてほしい」「楽しい学校生活を送ってほしい」とねがいます。**事例1-①**のようなケースでは，ヒロキさんの学校生活の安定を図るためにどうすればよいかを考え，生活リズムを整えるために家庭への介入を急ぐかもしれません。

　「毎日決まった時間に寝かせ，生活リズムを整えてほしい」

　「ゲームばかりさせずに，子どもとかかわってほしい」

　保護者に向けられたこのようなことばを，教師や支援者から聞くことがあります。家庭生活の安定が学校生活を健やかに過ごすための条件の一つであ

ることはまちがいありません。一方，もし保護者が子どもを寝かしつけることができないとしたら，あるいはかかわる時間がとれないとしたならば，そこにはそうならざるをえないなんらかの「理由」があるはずです。ヒロキさんの保護者には，どんな理由があるのでしょうか。

〈事例1-②　教師には見ることができない家庭の様子〉

　ヒロキさんは，母親と兄の3人で生活しています。母親がスーパーのパートタイムで収入を得て家計を維持していますが，経済状況は厳しく，ヒロキさんが楽しみにしている外食にはめったに行けません。母親は収入を安定させるため，ヒロキさんに放課後等デイサービス（放デイ）を利用させ，できるだけ長い時間働きたいと考えています。しかし，本人が放デイを嫌がるために，夕方まで働くことができません。かわりに朝早くから出勤するため，寝起きが悪くぐずついてしまうヒロキさんの登校を見届けられず，兄に任せる日も少なくありません。

　最近，近くに住む祖父（母親の父）が体調を崩し，介護が必要となりました。昼間は介護サービスを利用していますが，夜間は母親がたびたび祖父宅に行って介護をしなければならず，子どもたちの寝る時間には自宅にいられない日が続いています。

　事例1-①で紹介したヒロキさんの姿の背景には，**事例1-②**のような家庭の生活状況がありました。学校において顕在化し，教師にとって見えやすい子どもの姿や言動には，そうならざるをえないなんらかの「理由」や「背景」があります。しかし，その理由・背景は，**事例1-②**のように，教師には直接確認することができないことかもしれません。

　「全国ひとり親世帯等調査」（厚生労働省，2020年）によると，平均年収は推計で母子家庭は373万円，父子家庭は606万円になっています。子どものいる世帯全体の平均年収は814万円ですから，母子家庭はその半分以下の水準にとどまっています。また，母子家庭の母親の86％が就労しており，このうち正社員や正職員が49％，パートやアルバイトなどが39％，自営業が5％となっています。

この調査結果からは，特に母子家庭において，子育てと家計の維持を両立することがたいへん厳しい状況であることがわかります。また，子どもに障害がある場合や，家族の介護をしなければならないなど困難が重なった場合には，さらに厳しさが増し，家庭の生活に影響を及ぼすことは明らかです。

一方，教師は，家庭の生活状況を見ることはできず，関連する情報もなかなか入ってきません。特に，収入や家族の介護といったデリケートな問題は，保護者も積極的に伝えることはしません。また，子どもにかかわる心配事があったとしても，**事例1**のように遅刻・欠席が続いている場合には「迷惑をかけている」といった後ろめたさや，教師からなんらかの指摘や非難をされるのではないかという不安から，ますます相談しづらくなってしまいます。困難が重なり問題が深刻化するほどに，保護者は学校に相談しづらくなり，教師にはますます家庭の様子が見えづらくなるのです。

2　保護者とかかわる際の留意点

教師は，学校において子どもの「気になる様子」が顕在化した時，その様子を保護者に伝え共有したいと考えることがあります。また，「毎日決まった時間に寝かせ，生活リズムを整えてほしい」などと伝えたいと思うこともあるでしょう。その時に，いくつか検討していただきたいことがあります。

一つには，「なんのために伝えるのか」という【伝える目的】についてです。たとえば，「安定した学校生活を送るために家庭生活を変えてもらおう」と考え，それを伝えようとする場合があります。この時に，たとえば提出物の期限が守られなかったり，連絡がとれなかったりなど，教師にとって「気になる保護者の様子」が伝えることの動機づけを高めている場合があります。

しかし，**事例1**のようなケースでは，実は保護者も「子どものために生活を変えたい」と思いながら，「変えられない」ことで深く悩んでいる場合が少なくありません。つまり，生活を変えなければならないことを「わかっているけれどできない」のです。教師の問題意識を伝えることは，伝え方によってはこのように悩む保護者をさらに追いつめてしまうことになりかねません。

「伝える」前に大切なことは，まず，保護者の不安や悩みに耳を傾け，話を「聴く」ことではないでしょうか。教師の一緒に考えようとする姿勢が，保護者のことばをひらき，さらにそれを受け止めることによって教師のことばを受け入れる態勢をつくります。

　二つには，「伝えた結果何が生じるのか」，つまり【結果の見通し】です。教師のことばをきっかけに生活を変えようと試みる保護者がいる一方，そのことばを受け止められず「大変さをわかってくれない」「子育てを非難された」などと感情的な反発を生じさせてしまうことがあります。また，目に見えるような反発がなくても，教師と距離をとるようになり，コミュニケーションが難しくなってしまう保護者もいます。伝えようとしたことが理解されない可能性があることを見通し，どのような「伝え方」ならば教師の真意が伝わるのか，またあらためて「伝える必要があるのか」を検討する必要があります。

　三つには，「伝えるタイミングはいつか」，つまり【時期】の問題です。教師が得ている情報は少ないのですが，保護者の心理状態や生活状況を想像するならば，あえて「いまは伝えない」という判断も選択肢の一つとしてあります。保護者との連携において「情報の共有」は重要なことの一つですが，教条的に共有することではありません。

　教師は，得られている情報から「もしかしたら子育てで苦労しているかもしれない……」「家庭の生活が大変かもしれない……」という想像や洞察を深め，それを踏まえた対応を検討します。子どもと家族が健やかな家庭生活を送るためには，社会的な支援を必要とするケースもあるため，状況によっては，学校外の機関や専門職とともに対応にあたります。

3　保護者の障害理解

　再び事例から，教師と保護者のかかわりについて検討してみましょう。

〈事例2-①　学校で見られる子どもの様子〉

　学校生活のなかで気になったことに即座に反応し，ことばを発した
り気になったものの方向に走り寄ります。

　授業中，机の上にある鉛筆や消しゴムをもてあそびながら授業を受け，
消しゴムをあちらこちらに転がしては近くの友だちに声をかけたり，友
だちの鉛筆などをとったりして，教師からくり返し注意を受けています。

　よく忘れ物・なくし物をし，整理整頓は苦手な様子です。

　のちに医師から注意欠如・多動症（ADHD）と診断された小学校低学年の
子どもの様子です。ここでは，まったく同じではありませんが，このような
共通・類似の様子を示す2人の子どもがいると想像してください。名前を
〈リョウさん〉と〈シンさん〉とします。

　2人は家庭でも落ち着きがなく，ケガにつながりかねない危険な行為をし
てしまうため，母親はそれぞれどのように“しつけ”をすればよいのか悩ん
でいました。また，どちらの保護者も共働きでしたが，子育てはほぼ母親が
担い，祖父母との関係で悩んでいることも共通していました。

　このように共通する点が多々ありましたが，母親が教師に対して語る子ど
もの理解と障害に対する認識は大きく異なっていました。

　リョウさんの母親は，「自分の子育ての問題だと思う」と語り，リョウさ
んが発達障害である可能性を否定しました。一方，シンさんの母親は，シン
さんは「発達障害だと思う」と語り，学校での支援を要望しました。保護者
の言動の違いには，どのような背景があったのでしょうか。

〈事例2-②　教師には語らなかったリョウさんの母親の思い〉

　リョウさんの母親は，教師に対してわが子の発達障害の可能性を強
く否定し，「自分の子育ての問題だと思う」と言って学校から提案され
た支援を断りました。しかし，本音ではリョウさんが「なんらかの発
達障害にあてはまるのではないか……」と考えていました。教師には
相談ができなかったものの，インターネットに掲載されたチェックリ

ストを確認し，確信していました。

　母親はそのように考えていたにもかかわらず，教師に正反対のことを伝えたのは，父親（夫）の言動が関係していました。父親は，日頃から障害のある人に対して差別的な発言をくり返しており，リョウさんとのかかわりでは声を荒らげて叱ることもありました。

　母親はリョウさんが発達障害の診断を受けたならば，さらに父親との距離が広がり，関係が崩れてしまうことが心配になったのです。母親としてはつらいことでしたが「自分の子育てやしつけの問題」と自らに言い聞かせるようにしていました。

〈事例2-③　教師には語らなかったシンさんの母親の思い〉

　シンさんの母親は，シンさんは「発達障害ではないか」と語り，学校での支援を要請しました。母親は，実は発達障害のことをよく知らず，シンさんにその可能性があるとは考えたことがありませんでしたが，教師の説明を聞いてそのように考えるようになりました。

　母親はシンさんの幼児期から，落ち着きのなさや衝動的な行動に「うまく対処できない」と悩んでいました。子育て支援センターで子どもとのかかわり方を学び実践しましたが，シンさんは思うように行動してくれません。祖母からは「しっかりとしつけをしないさい」と叱責されたことがあり，そのプレッシャーから体罰をしてしまうこともありました。

　「自分の子育てが悪いのだろうが，どうしたらよいかわからない……」と考えていたところ，学校からシンさんの様子について話があったのです。「何かの障害ならば，子育てのせいではない。子育ての問題ではないことを明らかにしたい」という思いから，教師に「発達障害ではないか」と話したのです。

4　わが子の障害を理解すること，受け止めること

　事例2-②のリョウさんの母親の場合，教師は一般的には母親が語ることばの通りに受け止め，正反対のことを考えているなどとは想像しないでしょう。また，教師のなかには「わが子が困っていることを理解しない母親」などとネガティブなイメージを持ってしまう人がいるかもしれません。しかし，ことばとしては語られないものの，父親との関係に悩む様子を踏まえるならば，母親の言動の理由が理解できます。

　一方，事例2-③のシンさんの母親の場合，シンさんの状態について理解しているように感じられるものの，「発達障害ではないか」と語ることばと実際の内面の様相は異なっていました。子育ての悩みをていねいに受け止めつつ，シンさんの状態について理解が進むよう一緒に考えていく必要があります。

　さて，以上の事例からわかるように，保護者がわが子の発達や障害の状態を理解し，それを受け入れていくプロセスは一人ひとり異なり，けっして容易なことではありません。また，家族との関係や子育ての歴史など生活の背景が大きく影響するものであり，"個人の認識の問題"とは言いきれません。

　今日，発達障害や特別支援教育にかかわる情報が広がり，保護者や家族もそれらにふれる機会は増えています。しかし，それによって保護者がわが子の障害を理解し受け入れていくプロセスが短縮したり，容易になったとは考えられません。障害の早期発見・早期対応の重要性は認めつつも，子どもたちの「気になる様子」を安易に障害やその可能性に結びつけてはならず，冷静かつ慎重でなければなりません。

　また，特別支援教育や福祉サービスを利用する際には，「保護者の障害理解」を前提とするものがあります。しかし，それを理由にいわゆる「障害受容」を急かされたり，迷い悩む保護者が責められたりすることがあってはなりません。

5　保護者の援助要請

　保護者に対して，学校からはたびたび「心配なことがあったら気軽に相談してくださいね」などと呼びかけが行なわれます。しかし，本章の**事例1・事例2**から明らかなように，保護者が子育てや家庭の生活状況についての心配事を相談したり，具体的な支援を求めたりする「援助要請」は，気軽にできるものではありません。ではなぜ，保護者は教師に対してSOSを発することが難しいのでしょうか。

　ここでは保護者が「援助要請」をすることの難しさについて，二つの視点を示します。読者のみなさんも身近な人に「相談にのって」「助けて」と発信する時と重ね合わせて，イメージをふくらませてみてください。

　一つには，「援助要請への躊躇や抵抗」があります。教師に対して「相談にのってほしい」「助けてほしい」と発信することは，いつでも気軽にできるものではなく，ちょっとした勇気や覚悟が必要です。あらゆる場面で「教師の多忙化」を耳にするなか，自分と子どもにかかわることで時間を割かせたり，手を煩わせたりすることへの遠慮があります。また，内容によっては「子育ての問題」として自らの至らなさを指摘される可能性があり，その不安は援助要請へのハードルとなるでしょう。

　二つには，「援助要請をする相手の選定」があります。「相談にのってほしい」「助けてほしい」と発信する相手が，教師ならば誰でもよいわけではありません。たとえば，誰ならば自分の思いを否定せず真剣に受け止めてくれるのか。また，誰ならば問題解決に導いてくれるのか。このようなことを考え，援助要請をする相手を探します。つまり，学校から相談相手として担任や特別支援教育コーディネーターを示されたとしても，かならずしも保護者が相談したい相手とは限らないのです。

　以上の2点を踏まえると，保護者が教師に相談したいと考えても，それを諦めてしまうことがあるのも想像できます。援助要請を促すためには，保護者との日常的なコミュニケーションによって教師の人となりを知ってもらい，信頼関係を形成することが重要です。そして，援助要請をした保護者に対し

て教師は，まずはねぎらい，ていねいにそのことばに耳を傾けることが，問題解決の有無とは別に「先生に相談してよかった」と思われるかかわりとなるでしょう。「相談してよかった」という感情の蓄積は，新たな問題が生じた時に援助要請をする動機づけとなり，問題の深刻化を防ぐことにもつながります。

6　援助要請を抑制させる「家族の自助原則」

　子育ては，家庭・学校・地域などが共同して取り組む社会的な営みです。しかし，現実には家族の問題に閉じられてしまう状況にあります。それは，なぜでしょうか。

　日本では，古くから子育てや介護は家族の責任と見なされ，「家族の自助原則」として認識されてきました。90年代半ばから進められた新自由主義的施策は，「サービス」によるケアの社会化を進展させた一方，ケアにおける家族責任を法律上あるいは事実上強固に堅持させてきました（下夷，2015）。その一端は，児童福祉法第2条2項に「児童の保護者は，児童を心身ともに健やかに育成することについて第一義的責任を負う」と明文化されたことに顕著であり，子ども・子育て支援法（2018年施行）にも同様に規定されています。この一連の動きは，子育てにおける家族責任の規範を法律上で強化したものと言えます。

　「自助」を基本として「共助」がそれを補完し，「自助や共助では対応できない困窮などの状況に対し『公助』として位置付ける」（厚生労働省，2006）社会保障制度のあり方は，子育てのみならず，あらゆるケアを私的領域にとどめて家族に委ねます。また，広く市民に「家族の自助原則」という認識を強化させ，結果として学校や社会に対する援助要請を抑制させることにもつながります。今日，社会問題として大きく注目されている「ヤングケアラー」の背景にもこの問題があります。

7　ケアラーとしてのきょうだい

　　父と母が外出して家には私と真里恵だけが残ったとき，排泄の介助をせ
ざるを得ない状況になりました。そして一度自らの頑(かたく)なな意地を崩して
しまった後，その「せざるを得ない状況」が度々おとずれるのです（戸田，
2005）。

　この文章は，筆者が歩行・随意運動の困難を主とした脳性麻痺(まひ)の妹・真里
恵の兄としての経験をつづった手記の一部です。

　思春期にあった筆者は，食事づくりや後片づけといった家事の一部を担う
一方，障害のある妹の入浴や排泄，着替えなどのセクシャリティにかかわる
介助を拒んでいました。それは，家族・きょうだいであっても「プライベー
トゾーンにふれることは嫌だ」と考えていたからです。また，仮に筆者が妹
の立場であったならば，介助を拒否できないにしても強い抵抗感を持つこと
を想像したのです。二次性徴が始まり「おとな」へと成長しつつある妹を女
性として尊重したいという思いを強めていたことも背景にあったのかもしれ
ません。しかし，このような筆者の思いは，生活の現実のなかでくり返し打
ち砕かれていくのでした。

　当時，筆者は，「親の負担を減らし，妹の生活もゆたかにしたい。そのた
めに自分ができることはしたい。でも，排泄などの介助はしたくない」とい
った葛藤を抱えていました。しかし，そのような自らに生じる思いや感情を
"他者に伝えるためのことば"として表現できるようになったのは，家族と精
神的・物理的に一定の距離をとるようになった成人後のことです。子どもの
ころには，妹のことに一生懸命であった両親にネガティブとも捉えられかね
ないあれこれを伝えることはできませんでした。それは，たとえ表現したと
しても，複雑に揺れ動く筆者の心情を理解してくれる親の姿が想像できなか
ったことに加え，日々綿々と続く「生活の現実」が何よりも優先されること
を子どもながらに感じていたからだと思います。

　これは筆者が経験した個人的なエピソードであり，一般化できるものでは

ありません。一方，「障害のある人のきょうだい」のナラティブにふれると，経験や感情の一部が共通するところもあるようです。つまり，筆者の30年以上前の経験や感情は，この社会においていまだに"昔ばなし"にはなっていないのです。

8　ヤングケアラーの特質と課題

　筆者の「障害のある人のきょうだい」としての経験は，今日では「ヤングケアラー」ということばでも説明されます。

　ヤングケアラーとは，「家族にケアを要する人がいるために，家事や家族の世話などを行っている，18歳未満の子どものこと」と定義され，「慢性的な病気や障がい，精神的な問題などのために，家族の誰かが長期のサポートや看護，見守りを必要とし，そのケアを支える人手が充分にない時には，未成年の子どもであっても，大人が担うようなケア責任を引き受け，家族の世話をする状況が生じる」（澁谷，2018）と説明されています。

　厚生労働省と文部科学省は，「ヤングケアラーの実態に関する調査研究」（2021年4月）の結果を公表しました。一部抜粋して概要を紹介しますと，「世話している家族の有無」について，「いる」と回答したのは中学生が5.7％，高校生が4.1％。「世話を必要としている家族」の内訳は，「きょうだい」の割合が最も高く，中学生が61.8％，高校生が44.3％。次いで多いのは「父母」であり，中学生が23.5％，高校生が29.6％。世話を必要としている家族が「きょうだい」の場合には，「幼いきょうだい」と回答した割合が最も高く，中学生が73.1％，高校生が70.6％。次いで「知的障がい」のきょうだいであり，中学生が14.7％，高校生が8.1％でした。割合としては，「障害のある子どもをケアするきょうだい」以上に，「幼い子どもをケアするきょうだい」が多いことがわかります。

　さて，ヤングケアラーは，「ケアラー」である前に「子ども」です。あらためてこのような当たり前のことを確認するのは，ケアラーであることによって，発達と人格の形成にとって重要な「子ども期」が奪われかねないから

です。ケアラーが「おとな」の場合とは異なる,「子ども」ならではの特質や課題に着目する必要があります。

　ケアラーとしてのきょうだいは,家族や教師,支援者などから「役割期待」を持たれる一方,自ら率先して担うべき役割を判断・推測してふるまっている場合があります。後者は,筆者の経験と同様に「生活の現実が子どもに役割を期待・要請する」ことがあるとともに,役割を担うことによって「家族に認められたい」「家族に必要とされたい」という思いに動機づけられることがあります(林,2016)。

　「障害のある子どもの世話」「買い物,料理,洗濯,掃除などの家事」など,きょうだいが担うケアの内容は,おとなと同質,あるいはその一部を代替する行為です。ケアにあたるために,休息や余暇,家庭での学習が制限されたり,年齢や発達段階に不相応な過大な役割や責任を引き受けざるをえないことがあります。これが長期にわたる場合には,学業との両立や進路の実現が困難になったり,子ども自身の健康問題として顕在化することもあります。

　余暇や休息,学び,心理的な安定と健康などが脅かされかねない状況にあるヤングケアラーは,本来守られるべき「子どもの権利」が侵害されている状況にあり,社会によって権利保障の取り組みが進められなければなりません。

9　学校で学ぶ「家族」とその影響

　子どもたちが家族のケアを引き受けることと学校の関係を考えます。小・中学校における「特別の教科　道徳」では,「家族愛,家庭生活の充実」という学習項目があり,すべての発達段階において,心情面において父母・祖父母に対する敬愛の念を育むこと,行動面において家族に貢献できるようになることが指導の観点として示されています。授業の展開は個々の教員に依存する部分が大きいものの,道徳用教材には家族の多様性を考慮せず,「家族につくすこと」を強調し,「家族の一員として役割を果たすこと」などに方向づけるものも少なくありません。

　道徳の学びとは,家族の利益とその家族を構成する個人の利益とが相反し

た場合，どうするべきなのか自分のふるまい方をそれぞれが考えることと指摘されていますが (佐藤，2021)，家族への心情や行動が道徳の授業を介して特定の方向に価値づけられるならば，それとは異なる不安や悩みを抑圧しかねません。また，家族主義を内面化させ，さらに自らを追いこんでしまう可能性もあります。

生活科などその他の科目やヒドゥンカリキュラムを含め，「学校」がヤングケアラーの内面やふるまいに影響を及ぼしている可能性を否定できないのです。

10　きょうだい支援の意義

昨今，障害のある人のきょうだいが手記を出版したり，ホームページやSNSで自らの経験や感情を発信しており，きょうだいのことばにふれる機会が増えています。そこには，きょうだいとして共通する経験や感情がある一方，一人ひとりのオリジナリティのある物語が存在します。

きょうだいの物語には，それまでの発達と生活の歴史が大きく関与しています。彼らが語る「いま，ここ」の認識や感情のあり様は，過去・未来と接続する時間的展望のなかにあります。

人が過去を語る時，それはかならずしも正確なものとは限りません。あるエピソードについて事後からふり返り意味づけされたものは，その時の感情を正確に再現することが難しい場合があり，他の文脈の影響を受けて脚色されることがあります。

一方，これを逆手にとるならば，成長過程におけるゆたかな人間関係や充実した生活，明るい将来への見通しなどが，たとえばきょうだいとして経験した過去のつらい感情の記憶を相対的に縮小させる可能性があると言えます。

きょうだいが「○○の姉」や「○○の弟」ではなく，自らの人生の主人公として尊重され，何かに縛られることのない将来の見通しが持てること。障害のある人の家族だから「特別」ではなく，人として当たり前の人生が保障される社会が求められています。

うちでは
ふつうの
ことだけど…

ピンポーン

アッコ
ちゃ〜ん

おはよ
トモミちゃん
いまアキコ
すぐ来るからね

ガチャ

おはよう

おまたせ
トモミ！

いって
きま〜す

なにか
ときどき
ドキンと
するの

アッコの
おねえちゃんて
中二だったよね

そうよ
五歳も
年上なの

たとえば
アッコの
おねえちゃんを
見たときとか

それより
いつもウチに
きてもらって
ごめんね

こんどは
私がむかえに
行くよ

えぇっ！？

こんなときは
ホントに
ドキドキするの
なにも悪いこと
していないのに…

いいよそんなの
全然へいき
行こう！
遅刻しちゃう

タケシとトモミ ～兄妹物語　第1話　トモミの秘密①　マンガ いば さえみ

協力：戸田竜也

タケシとトモミ ～兄妹物語

第1話　トモミの秘密②

マンガ　いば さえみ

私はトモミ 小学三年生

また宿題でちゃった～

ねえ、トモミ ウチで一緒にやろうよ

あの人気マンガ全巻そろってる！

うん 借りてく？

二人で使ってるから

わぁ～ 広い部屋！

お姉ちゃんと順番に買うの

この服もおさがり❤

服とかもくれるよ

あら いらっしゃい

ガチャッ

アキコ 探してたシール あったから 買ってきてあげたよ

やった！ 二枚ある！ トモミに一枚あげるよ

トモミは一人っ子？

はい シール

えっ？ う、うん… まぁね…

ドキッ

協力：戸田竜也

タケシとトモミ ～兄妹物語

第1話　トモミの秘密③

マンガ　いば さえみ

協力：戸田竜也

タケシとトモミ ～兄妹物語

第1話　**トモミの秘密**　最終回

マンガ・いば さえみ

悪ガキコンビの声が頭にこだまする…

へんなあにき！
へんなあにき！

トモミが学校から突然もどってきてベッドに入っちゃったの

具合は悪くないようだけど、お昼ご飯も食べないし…

誰か来たみたい

ごめんなさいあなたお仕事中に…

トモミお客さんよ

トモミはひとりっ子？

うんまあね…

おにいちゃんがいること、アッコにばれちゃった…

はぁー…

来ちゃった…

協力：戸田竜也

第4章　家族とのかかわり　151

第5章

子どもとともに成長する教師

1 子どものころの経験の反映

　本章では，筆者が教員養成大学に在籍する学生から学んだことなどを中心に，教師とは何かを考えてみたいと思います。

　　子供叱るな　来た道だもの
　　年寄り笑うな　行く道だもの
　　来た道　行く道　二人旅
　　これから通る今日の道
　　通り直しのできぬ道

　学生時代，永六輔さんが著した岩波新書『大往生』(1994) を読み，このことばを知りました。誰が書いたものなのか正確には不明とのことですが，社会福祉学部に所属し，教育や福祉を幅広く学んでいた筆者の記憶に鮮明に残り，それ以降たびたび思い返す機会があります。

　私たちおとなは，自分にも子ども時代があり，その「当事者」であったことは忘れがちです。そもそも日常生活のなかで思い返す必要がないのかもしれません。今を生きる「私」と時間軸として連続性がありながら，質的には大きく異なり独自の特質をもった子ども時代。日々の子どもとのかかわりを介して「自分にもこんなころがあったはずだ」と "来た道" を思い返す時，子どもへのまなざしが少し柔らかくなるのではないでしょうか。

過去にNHKで放送されていた子ども向け番組「できるかな」（1970〜1990年）に出演し，番組終了後も子どもや保護者を対象としたイベントに数多く出演してきた高見のっぽさんは，『五歳の記憶』という著書のなかで，次のように述べています。

　　私が小さいひととつきあう時，私はどうやら幼児期の私とその小さなひととを重ね合わせているらしい。記憶は鮮明で，そしてその中での私は鋭くて賢くて，だからその時私を悲しませたり，痛めつけた無作法で思い上がった大人の様にはありたくないのだ（高見，2004）。

　私たちは，子どもとどう向き合うかを考える時，あるいはどのような教師でありたいかを考える時，子どものころの自分やかかわったおとなのことを思い返すことがあるのではないでしょうか。特に若年の方は，たとえば，「こんな教師でありたい」「子どもとこんなかかわりをしたい」といった理想や，反対に「こんな教師にはなりたくない」「こんなかかわりはしたくない」といったイメージは，教員養成段階での学びや教師になってからの経験とともに，子どものころの記憶によって具体化されているかもしれません。

　一般化できることではありませんが，教員養成大学の教師をしながら，スクールカウンセラーとして子どもたちに向き合う筆者のあり様にも，自らの子どものころの経験と感情がかかわっています。筆者は，子どものころに「自分の思いを受け止めてくれるおとなが周囲にいない」と考えたことがあり，それゆえに「他者に自分の本音を伝えることができなかった」とふり返ったことがあります（本書第4章参照）。この時のネガティブな感情はその後の人生の歩みのなかで縮小し，現在では記憶のごく一部にすぎません。しかし，大学で学生たちに「子どもの声を聴くことができる教師になってほしい」と伝え，自らも「尋ねる気持ち・尋ねる姿勢」（本書第1章参照）を大切にしてスクールカウンセラーの業務に携わっているのは，この仕事に従事してから考えたことでもありますが，自らの育ってきた歴史と無関係ではありません。

　読者のみなさんは，現在のご自身のあり様やこれからの理想とするイメー

ジに，子どものころの経験などが影響していることはないでしょうか。

2　自らの指導・支援の吟味

　高見さんは，自身が子どもとかかわる時に「幼児期の私（高見さん）とその小さなひと（子ども）とを重ね合わせているらしい」と述べています。そこには，子どもにかかわる仕事をするうえで，過去の自分を「悲しませたり，痛めつけた」おとなと同じようなことはしたくないという思いが反映されています。筆者なりに表現するならば，「"子どものころの自分が"されて嫌なことは，子どもたちにしない」ということです。「自分がされて嫌なことは，他の人にしない」というのは，子ども同士のトラブルに介入する際によく聞くことばですが，高見さんに学ぶならば，子どもと教師（おとな）の関係においても同じなのです。

　教師という仕事は，意図の有無にかかわらず，子どもを悲しませたり，傷つけてしまう可能性があるものです。その傷は，場合によっては一時的なものにとどまらず，その後の発達過程になんらかの影響を及ぼすものになるかもしれません。そうしないために，子どもとのかかわりを適宜確認し，必要に応じて修正していくことが大切なのです。

　教師は，子どもの育ちへのねがいにもとづき，指導・支援においてのねらいや意図を持ちます。教師は，学校生活のあらゆる場面において，「〜に取り組む子ども」「〜ができる子ども」など，「子どもの姿」をイメージしながらかかわります。そのような「子どもの姿」は，本来，なぜその姿が求められるのか，それはどのような教育活動と発達のプロセスによってもたらされるのか，といった検討のうえに築かれるものです。しかし，そのような検討を経ずに「あるべき子どもの姿」が先にあり，結果が急がれてしまう場合には，〈どうしたら子どもが変わるのか〉といった結果と方法に関心が向き，子どもの発達のプロセスや本人の内面のあり様が軽視されてしまいます。つまり，教師の指導・支援にかかわる言動や行為が〈子どもにどのように受け止められ，意味づけられているのか〉といった内面のあり様は，意識的に捉え

ようとしなければ見えてこないのです。

　たとえば，教師がイメージした「あるべき子どもの姿」に近づいていたとしても，教師の指導・支援が子どもには「脅し」と捉えられていたり，「不安」に動機づけられ"動かされている"可能性もあります。また，子どもが行動を変えることを強いられていると感じ，嫌悪感を持ちながら学校生活を送っているケースもあるかもしれません。

　特別支援教育の教育課程にある「自立活動」などにおいて，個別または集団で「対人関係などの状況に応じた適切なふるまいや，子どもが社会生活を営んでいくために必要なスキル」を学ぶ「ソーシャルスキルトレーニング」（以下，SST）に取り組まれることがあります。SSTとは，なぜそれが必要であり，どのようなことを学ぶのか目的・理由・見通しなどを伝える「教示」から，教師が実際に動作をして適切な行動モデルを示す「モデリング」，ロールプレイなどによって適切な行動を反復しながら定着を図る「リハーサル」，教師から良かった点や改善点などを伝える「フィードバック」といったプロセスがあり，日常生活で使うスキルを獲得していくことをめざす指導技法です。また，「これまで学習してこなかった行動や不適切に学習してきた行動を，これから新しくあるいは適切に学習していくこと」（三浦，2020）と説明されています。

　しかし，他者から「これまで学習してこなかった」ための行動とされたり，「不適切に学習してきた行動」とされたりするものにも，子ども本人には意味や理由があります。また，「新しくあるいは適切に学習していく」ことの必要性を子ども自らが感じ，主体的な取り組みにならなければ，その学習は定着・汎化せず，意味をなさないはずです。

　SSTに取り組むにあたっては，教師が子どものこれまでの行動の意味や理由をていねいに受け止め，子どもの思いに寄り添いながら新たな行動を学習していくものでなくてはなりません。また，学習し行動を変える主体は子どもであり，他者によって無理やり「変えさせられる」ものでもありません。しかし，教育現場では，かならずしもこのようなていねいな指導・支援がされていない状況があります。

　筆者の臨床では，教師などの他者が設定した「○○の場面では〜する」「〜

しなければいけない」という行動の目標が，本人の理解や納得を経ずに「指導」によって強制され，それとは異なる本人の「本当は〜と思う」「自分は〜したい」という思いが抑圧されているケースに出会います。また，「〜すべき」という指導のくり返しに対して感情的に反発している子どもがいるほか，教師に求められる行動と「違うことを考えてしまう自分はだめな奴だ」「いけないんだ」などと強い自己否定感や自尊感情の低下をもたらし，**二次障害**を生じさせているケースもあります。

SSTなどの特定の技法にとどまらず，日常的な教師と子どもとのかかわりにおいて，指導・支援という形を用いながら子ども追いこんだり，「強い指導」によってそのこころを傷つけている行為はないでしょうか。特別支援教育における教師の「マルトリートメント」が議論される今日 (川上，2022)，適宜「尋ねる気持ち・尋ねる姿勢」によって子どもの内面を捉えつつ，それらを自らに重ね合わせることによって吟味することが必要なのです。

3　制度・システムの吟味

指導・支援という形をとりながら，子どもを不安にさせたり，追いこんだりしてはいないか。これは，教師と子どもとの1対1でのかかわりにとどまらず，学級・学年などの集団に対する指導においても問われます。校則や明文化されていないルールのほか，「学校スタンダード」といった学校全体での取り組みも同様です。

多様な子どもがいることを前提にして，一事例としてわが子のエピソードを紹介します。

わが子が小学校低学年の時のことです。ある日の帰宅後「教室にみんなの名前を書いた紙が貼られて，家庭学習をやった人にシールがつくようになっ

二次障害
　併存症のなかでも後天的な要因が関係して発現するものを二次障害と言います。二次障害は，生活のなかで生じる困難や周囲の不適切な対応などによって生じ，疾患と診断されるもののほか，自己評価の低下や周囲のはたらきかけを被害的・迫害的に解釈しがちになる傾向など幅広く含みます。

た」と教えてくれました。これまでは「家庭学習カード」にその日に取り組んだ内容を書いて担任に報告するだけでしたが、この日からはシールによって「誰がどれだけやったか―やっていないか」がクラスメイトに公表されることになったのです。

　クラスメイトのシールの数が気になるとともに、担任が他の子どもとの比較によって自分を評価するかもしれないと考えたわが子は、その不安に動機づけられて「家庭学習をやらなければ……」と取り組んだのです。しかし、机に向かってもクラスメイトと比べられることや評価されることへの不安が愚痴として出てきます。筆者は「やりたくなかったら、やらなくてもいいんだよ……」と言いますが、そのことばは慰めにもなりません。

　シールに限らず、ある子どもへの**トークン**は、別の子どもには強迫的に何かをせまるものになるかもしれません。このような教師のアプローチによって「家庭学習の増加」は可視化され評価されますが、それをもたらす背景にある子どもの不安や悩みは表現されないために、無視されかねません。

　今日、学校には、教師が子どもと向き合い、その理解を深めるなかで、教職員集団によって検討し創造されたゆたかな教育実践がたくさんあります。一方、学校文化として歴史的に形成されてきたことや、教育行政が決定してトップダウンによって教師に遂行をせまるものもあります。後者は、一人の教師としては疑問をはさむことが難しく、従わざるをえない状況が多々あり、それらをいかに遂行するかが教師の「能力」「力量」として評価されてしまう側面もあります。先の家庭学習の場合にも、親としては子どもが不安や怯えによって行動し、「学びとは強いられるもの」と"誤学習"することを避けたいと思いながら、若い担任に「結果」が求められる教育現場の構造的な問題を考えた時には、その担任の苦しさを想像せざるをえませんでした。

　教師として、目の前いる子ども一人ひとりの発達と内面を捉え、自らを重ね合わせた時、学校のシステムや教育実践として取り組んでいる内容がその子どもたちにとって適切なことなのか、疑問が生じたり、迷い、戸惑うこと

トークン
　目標とする行動が生じた時に与えるシールやポイントなどを指します。望ましい行動を増加させたり、望ましくない行動を減少させたりするシステムである「トークンエコノミー」において用いられます。

があるのではないでしょうか。この疑問や迷い，戸惑うものから目をそらさず，教師としての自らのあり様を問い直した時，「現状のなかでも」とることができる子どもにとってゆたかなかかわりがあるのではないでしょうか。また，制度・システムを改善するのための試行錯誤に踏み出す契機になるのではないでしょうか。

4　学校で学んだ「自己責任」

　子どものころの経験とその記憶が，教師としての学びやあり様につながることについて，別の事例を用いてもう少し考えてみたいと思います。

　筆者が出会ったある大学生は，日常の会話や学生間の議論において，たびたび「自己責任」ということばを用いていました。筆者は自己責任ということばに強い抵抗があるため，この学生のふだんの言動に関心を持っていました。ある日，何気ない会話のなかで「どうしてよく『自己責任』ということばを使うのか？」を尋ねてみました。すると学生は，筆者からの問いに驚きながらも，関連するエピソードとして高校時代のクラス担任との出会いについて語ってくれました。

　厳しい指導をする教師として有名でありながら，生徒に人気があったクラス担任は，学生に対して「うまくいかないことは自分の責任だ。他人のせいにするな。言い訳をするな……」とたびたび話していました。学生はこのことばを聞き，「自分もしっかりしなければ」と考えるようになったと言います。そして「だらしのない性格だった自分が変わり成長することができたのは担任のおかげだ」とふり返り，この担任の姿を自らがめざす理想の教師像として位置づけたのです。

　学生には「責任あるおとなになりたい」「しっかりとした教師になりたい」という成長・発達へのねがいがありました。他者に頼らず，失敗しても言い訳をしないようなおとな・教師をめざし，自らを律するための支えとして自己責任ということばを使っていたのです。

　筆者はこの学生とのやりとりに触発され，他の学生にも自己責任について

の認識を尋ねてみました。すると、ことばの捉え方には若干の差がありましたが、学生の多くが大学に入るまでのあいだに教師から「自己責任」と言われたり、友人が言われているところを見ていました。このことばは彼らにとって異議をはさむ余地がなく、従わざるをえない"強いことば"として作用しており、学校で学んだことのひとつと言ってもおかしくないかもしれません。一方、ある学生は、学校で不条理な「連帯責任」を問われた経験から、それを否定する自己責任の論理を歓迎すると話してくれました。

5 「自己責任」とされる問題の本質と内面化

さて、広く社会に目を転じると、「自己責任」ということばが持つ意味とその用いられ方には大きな問題があります。吉崎（2014）を参考にして筆者なりに問題点を整理すると、一つは、本来は社会的な問題・責任であるもの（個人的な問題・責任ではないもの）の解決を個人にせまる側面があることです。二つには、個人が直面する困難に対して、（そうではないにもかかわらず）本人の努力不足や能力の問題として捉えさせる側面があることです。三つには、「自立・自助」という考えとつながり、「"他者に頼らずに"自立すべき」という認識を強めさせ、共同的な取り組みをさせづらくする側面があることです。

このような三つの視点から学生たちの学校での経験を整理すると、一つには、本来は制度や学校システムの問題であり、解決の主体は学校やその設置者であるにもかかわらず、それがあいまいにされて不利を引き受けてきたことです。二つには、競争的な学校環境において、努力によっては解決できない問題について「努力不足」とされ、そこでの困難を甘受させられてきたことです。三つには、クラスメイトなどの他者と共同・連帯によって取り組むことが有効と考えられる事柄も孤立的に取り組まされてきたことです。また、援助要請を抑圧すべきと認識させられてきたことなどもありました。

「児童生徒」や「学生」として、あるいは社会人として、あらゆる場面における課題を「自己責任」とされ、それに"慣らされてきた"であろう私たち。このことばが持つ問題とそれを使う者の意図について、深く考えることはな

かったかもしれません。

　読者のみなさんには，これまで自己責任として「自分が悪い」「自分の問題」と考えてきたことについて，あるいは他者から「あなたの責任だ」とされてきたことについて，あらためて問題の本質はどこにあるのか，本当に問われるべき責任があるのかを考えていただきたいのです。また，他者から問われたゆえに自らに内面化させてきたであろう「自己責任論」の視点を，子どもや保護者に向けていないかをふり返っていただきたいのです。〈自分を見る目〉とともに〈他者（子ども・保護者）を見る目〉が自己責任論による厳しいまなざしになっている時，その教育実践は子どもの発達と権利を保障する実践とはかけ離れてしまう懸念があります。

6　自立観を問い直す

　これまで述べてきた自己責任論は，特別支援教育の文脈において次のような問いが成り立ちます。一つは，「障害」は生物・心理・社会モデルに加えて，**人権モデル**で捉えるべきであり，社会が人権保障の立場から積極的に解決すべき問題ですが，社会における不備が個人の不利に転嫁され，問題の解決が個人に委ねられていないでしょうか。二つには，表面的な「障害による差別」はなくとも，障害のある人の困難を「能力の問題」と捉え，それを理由とした差別や排除はないでしょうか。三つには，特別支援教育がめざす「障害のある子どもの自立と社会参加」は，"他者に頼らずに"などの偏った自立観になっていないでしょうか。

　自立とは，「他の援助や支配を受けず，自分の力で判断したり身を立てたりすること。ひとりだち」（『広辞苑』第7版）と説明され，経済的自立や精神的自立がこの文脈で捉えられています。一方，現代社会においては，「障害の有無にかかわらず」他者に頼らず依存しない生活はありえず，他者とかか

人権モデル
　　障害のある人は，「保護・福祉の対象ではなく人権の主体である」という考え方のもと，人権の保障を社会に求めるもの。不利益の解消方針のモデルとも言われています。

わり，支え合うことは「ひとりだち」するうえで不可欠です（黒田，2020）。そのような観点から，「人はみな完全に独立して生きているのではなく，なんらかのかたちで他に依存し，他から援助を受けながら生きている。自らの意思と獲得している力で何かを成し遂げようとするとき，必要に応じ他に支援を求め，それを自分で選び決定しながら課題を達成していくという主体的な生き方」（大久保，2010）を自立と考えるならば，「必要に応じ他に支援を求め，それを自分で選び決定しながら課題を達成していく」主体・人格を育てることが特別支援教育の役割・使命と言えます。とりわけ高等部段階における「自立」に向けた教育活動が，職業的自立・経済的自立に偏重し，あらゆることを「自分一人でできること」が目標とされていないでしょうか。結果として，他者との共同や援助要請を抑圧させていないかが問われています。

　教師自身が「なんらかのかたちで他に依存し，他から援助を受けながら生きている」ことをあらためて自覚し，教育実践に関係する自らの自立観の問い直しが求められています。教師の学校における労働者としての真摯な姿勢と「必要に応じ他に支援を求め」る姿が，子どもたちにとって自立のロールモデルの一つになるのです。

7　教師の「ゆらぎ」の意義

　先に述べた，教育実践において教師が迷い，戸惑うこと。筆者は，一見ネガティブに感じられるこのことに意義を感じています。しかし，大学の授業やゼミなどでこのような話をすると，怪訝な顔をする学生がいます。教師の専門性を語る筆者がそんなことを言うのかという驚きとともに，教師として「揺らがない軸」を持ちたいとねがう学生からすると，相容れないものかもしれません。

　教師が迷い，戸惑うことについて，ソーシャルワークの研究者である尾崎新さんの著書『「ゆらぐ」ことのできる力』（1999）を頼りに考えてみたいと思います。尾崎さんは，「『ゆらぎ』は動揺，葛藤，迷いと同義である」と述べ，広く解釈すると「混乱，危機，混迷と同義に用いる場合もある」として

います。

　尾崎さんは，「『ゆらぎ』をまったく経験することのない実践，『ゆらぎ』をすべて許さないシステムやマニュアルがあるとすれば，それらは誤りである」と述べます。社会福祉実践を念頭においたものですが，教育実践においても同様です。ていねいかつ慎重にアセスメントを行ない綿密な計画を立てたとしても，教育実践は子どもや保護者といった「人」を対象とするものであり，また教師という「人」が取り組むものであるかぎり，ゆらぎの幅と余地は必須です。教育実践の創造とその検討を他者に委ねるかのようなマニュアル的な取り組みに陥らず，実践の主体者であるからこそ「ゆらぎ」は伴います。また，ゆらぐことをきっかけにした現状への問い直しや試行錯誤が，教育現場の問題点を明らかにするとともに，改善策を生み出すことにつながります。

　教育関係の文書に記載されている「PDCAサイクル」は，Check（評価）・Action（改善）が含まれてはいるものの，基本的にはらせん状に上昇し続けるというモデルです。しかし，実際の教育現場は，当初の計画から逸脱した突発的な事象にも価値があることを確認し，行きつ戻りつしながら，時には立ち止まることもあるのではないでしょうか。

　教師がゆらぎに直面する時，苦痛や無力感が伴うため，できればそれを避けたいと考えてしまうことも自然なことです。しかし，それを回避・否認しようとするならば，教育実践を無理なごまかしで繕うことになりかねません。個人的なことで恐縮ですが，筆者が教師やスクールカウンセラーとして心がけていることの一つに「わからないことは，わからないと言う」ことがあります。わからないとは，迷いや動揺を含むゆらぎの一つです。「わからないことは，わからないと言う」のは至極当たり前のことなのですが，そのような自分を認めることに抵抗があったり，それを表明することが心情としてつらいと感じることも事実です。それゆえ「わかっているふり」をして自らを繕い，その場しのぎの対応をしてしまったことが幾度となくあります。そこに悪意はなかったとしても，しっかりとした検討を経ずにとった場当たり的な対応は，子どもや保護者，学生にとって適切なものではなかったでしょう。

　教師は，教育実践の主体者であるからこそゆらぐのです。そのゆらぎは，

自らを成長・発達させる原動力にもなります。このように考える時，教師に「混乱，危機，混迷」（広義のゆらぎ）が生じたとしても，それを自らの力量の問題としたり，自己否定につなげたりするものではありません。

　ゆらぐ部分を含めて「自分」とし，真摯にあろうとする教師の姿勢は，子どもや保護者とゆたかな信頼関係をつくり，同僚教師との共同を育むものになるでしょう。

教師の「指導」と子ども──大学生との対話から

　ある日，3年次ゼミ生4名と，子どものころに「教師に叱られた経験」について話題となりました。

■反論してみたけれど……

　たかしさんは，小学校高学年のころ，教師から叱られたことに納得がいかないことがあると，強く反論することをくり返してきたと言います。しかし，多くの場合，たかしさんが反論しても教師は納得せず，いつの間にかヒートアップして余計なことまで言ってしまうので，教師をさらに怒らせました。結局，強い不快な感情だけが残る経験が多かったとふり返ります。

　教師に対して「わかってほしい」「伝えたい」という思いがあったのですが，そのためには大きなエネルギーが必要だということに気づきました。「教師に反論しても無駄ということを学習した」というたかしさんは，その後叱られる場面があったとしても，できるだけ早く終わるように何も言わないか，「本音を隠して教師の話に合わせる」ようになったと言います。

■教師の顔色をうかがいながら

　たかしさんの話に耳を傾けていたさやさんも，自らの小学校時代のことを語ってくれました。

　教師の言動を見て「何をすれば叱られるのか，何をしなければ叱られないのか」を日常的に考え，叱られないようにふるまってきたというさやさん。クラスメイトが叱られている場面では，なぜ叱られたのか理由を考え，教師の「叱る基準」を探ったと言います。また，「同じような行動をしない」ことによって叱られるのを避けられると考えていました。

　教師が叱る基準は，かならずしも明文化されておらず，また教師個々に基準が異なることがあるため，「敏感なアンテナを立てて探る」必要があったと言います。教師が何を考えているのか，どうすれば叱られないのかを想像しながら行動し，それに合わせていくことはけっして容易なことではなかっ

たはずです。しかし，さやさんは「合わせることは大変だったけれど，結局それが楽だったのかもしれない」とも語りました。

　さやさんは，将来は教師になりたいという希望を持ちながら，児童福祉施設において宿直を担当する臨時職員として働いています。ある夜，他の職員が子どもを叱っている場面を見かけた時，「この程度のことだったら，私ならば叱らない」と考え，あらためて子どもを叱る基準が支援者（おとな）によって異なることに気づき，子どもはどのように感じているのかを想像したのです。

■「見せかけの主体性」

　筆者は，教師や支援者の「叱る」や「ほめる」が，子どもに省察を促したり，子どもの喜びに共感し励ますといった意味・役割を超えて，おとなの事情に合わせて「管理・コントロール」するものとして作用していないかと学生たちに問いましたが，これについての反応はありませんでした。

　今日，教師の価値観や評価基準をヒドゥンカリキュラムとして学級経営に取り組む「技法」を紹介した書籍が売れているようです。また，「教師の権威」を用いて学級の荒れをどのように防ぐかをテーマにした研修があると聞きます。これらを用いた場合，子どもが落ち着き，あるいは自ら考え行動しているように「見える」場合があることも事実です。しかし，子どもが教師から発せられるあらゆる形態のメッセージを受け取り，「そうしないと叱られる」「教室に居場所がなくなってしまう」という強迫観念にもとづいて行動しているとすれば，その背景にあるものは「暴力的な指導」と言わざるをえません。また，子どもが教師の指示を待たずに動けていたとしても，それは不安に動機づけられた「見せかけの主体性」でしょう。

　ボランティアや教育実習などで学校現場に入った学生の一部からは，たびたび「子どもになめられてはいけない」ということばを聞きます。教室の何を見て，あるいはどのような考察によってそのような言動となったのか。また，なめられないために，実際にどのように行動しようというのか……。

　筆者はこのことばを聞くたびにドキリとし，とても驚くのです。学校における何が学生たちにそう言わしめるのか，現職の先生方と検討したい事柄の一つです。

第6章

市橋実践から学ぶこと

1 みんなのねがいを重ね合わせて

　本書「第Ⅰ部 〔実践例〕学び合い育ち合う子どもたち」の冒頭には，小学部1年3組の学級目標が紹介され，それを掲げるに至った市橋さんの「思い」や子どもたちへ伝えたい「メッセージ」が記されています。

　クラスの子どもたちに対して，「学校で楽しく過ごしてほしい」「友だちの存在を知り，少しでも仲良くなってほしい」「受け身ではなく，自分からかかわる力を持ってほしい」と考え，学級目標をつくった市橋さん。子どもの学校生活や発達にかかわる教師のねがいは，学級目標とともに，日常の教育実践のあらゆる場面に反映されます。

　さて，教師が持つ子どもへのねがいは，どのように育まれるのでしょうか。一つには，教師のこれまでの学びや実践に裏打ちされた教育観や発達観のほか，個人的な経験や関心があります。二つには，他の教師や福祉関係者から伝えられる子どもの情報とともに，直接的なかかわりによって得られた子ども理解が関与します。市橋さんは，健康に過ごすことに配慮が必要な子どもや学校生活に緊張している子どもの様子から，「学校で楽しく過ごしてほしい」というねがいを持ちました。三つには，保護者から伝えられた子どもへのねがいや将来への希望なども関与します。市橋さんは，保護者の「コミュニケーションがとれるようになってほしい」「元気に学校に行けるようになってほしい」といったねがいを深く読み解き，教育実践につなげています。

　教師のねがいは，子ども一人ひとりに対する理解や保護者のねがいを捉え

ることによって再構成され，より明確になっていきます。教師は，子どもと子どもに関係する人々のねがいを重ね合わせ，学校生活のあり様を考えるとともに，発達のプロセスを見通して教育実践を構想していきます。

　教師の立場で本書を読まれている方へ，学校でかかわる子どもや保護者は，どのようなねがいを持ち毎日を過ごしているでしょうか。また，ご自身は，どのようなねがいをお持ちでしょうか。明確に表現されていないものを含め，それぞれのねがいがしっかりと捉えられているか，確認していただきたいと思います。

2　主体的な自己形成プロセス

　子ども・保護者・教師が持つ学校生活や発達にかかわるねがいは，教育実践の土台となりますが，ねがいが「そのまま」学習課題や指導につながるものではありません。

　しんいちさんの「書くこと」についてのエピソードです（本書17ページ）。七夕学習の際，短冊に自分のねがい事を「上手に書けるようになりたい」という思いを持ちつつ，「やってみたい。でも……」「うまくできないのは嫌だ」という気持ちで揺れ動き，取り組むことができませんでした。

　しんいちさんの「書けるようになりたい」というねがいを捉えるならば，「うまくいかなくても大丈夫だよ」などと励まし，国語の授業や自立活動などで"文字を書く"練習を行なうことが，しんいちさんのねがいに応える教育実践だと考えられるかもしれません。実際に，子どもによっては教師が励まし，練習に取り組むことが必要な場合もあります。しかし，市橋さんは，しんいちさんの葛藤する内面や発達の実態をていねいに捉えたうえで，文字を書く練習を中心的な学習課題にはせずに，「遊びや給食など好きな活動を通してたくさん手を使う」ことがねがいに応える取り組みと考えて実践を展開しました（同65ページ）。

　「遊びや給食」を含む学校生活の日常は，あらゆる場面で手を使います。給食では，スプーンや箸を使い，布きんを洗って絞り，机をふきます。校庭

で遊ぶ時には，教室を出る前にジャンパーのボタンをはめて外靴に履き替え，帽子をかぶります。これらは生活の流れ（日課）のなかで手を使う必然性があり，子どもにとって「意味が感じられる」取り組みです。また，手を使った先に楽しい活動への見通しが持てる場合には，それを支えにしてがんばることができるでしょう。

さらに，このような"ふだんの生活の流れ"や"楽しい遊び"のなかに，教師が意図を持って「手を使う場面」や「手を使いたくなる場面」を設定することも可能です。たとえば，川田先生が考えた空き缶積みゲーム（同17ページ）もその一つでしょう。子どもからすると教師の意図を感じずに，楽しい活動のなかでいつの間にか手を使い，その**巧緻性**を高めているのかもしれません。

日常的な教育活動を通して「『気持ち』と『技術』の調和」（同65ページ）が進み，筆記用具で文字を書くための要件が満たされていくのであり，そのためには十分な「時間」が必要です。

発達とは，「子どもが外界にはたらきかけ，そこで外界と自分に起こった変化や新しく創造した事実を取り込み，様々な機能，能力，人間的な感情を獲得し，新しい自己を形成していく過程」（白石，2014）と説明されます。発達とは，教師が知識やスキルを教え込み，何かが「できるようになっていく」ものではありません。また，自分を抑えこんで環境に受け身的に応じる「適応」の過程でもありません。子ども一人ひとりの内面に生じる「できるようになりたい」「わかるようになりたい」「変わりたい」といったねがいを根底に，子ども自身が主体的・能動的に取り組むなかで自分をつくりかえていく，自己形成のプロセスです。このプロセスは，何かに急かされるかのようにただまっすぐに進むのではなく，時には立ち止まり，行きつ戻りつするものです。

特別支援教育は，このような子ども発達のプロセスを見通した教育実践を構築していかなければなりません。

巧緻性

　手先・指先による操作が向上することを言います。器用さ。

3　保護者のねがいを読み解く

　こうたさんの保護者のエピソードです（本書21ページ）。発達段階は2歳前にあり，音声言語はなく，指さしや手をたたくなどで意思を示すこうたさん。市橋さんは，こうたさんが何を伝えようとしているのかがわからないこともありました。

　家庭訪問の際，保護者は将来の希望として「会話ができるようになってほしい」と市橋さんに伝えます。それを聞いた市橋さんは「そのまま，『個別の教育支援計画』や『個別の指導計画』に，（中略）『コミュニケーション』のための目標をあげることもできますが」としたうえで，保護者のことばの背景に「自分から外に向かう力」「自分からかかわる力」が育ってほしいというねがいがあると読み解き，〈こうたさんと友だちの関係を広げる〉ことを目標にして実践に取り組みます。自分の思いを伝える相手として「友だちの存在を知り，少しでも仲良くなってほしい」。このようなこうたさんの育ちが，保護者のねがいに合致すると市橋さんは考えたのです。

　その後，こうたさんの友だちとの関係はゆたかに広がっていきました。しんいちさんとは，当初はしんいちさんからはたらきかけることが中心でしたが，こうたさんがしんいちさんをじっと見つめたり，「あー」と言いながら指をさす行為が見られるようになりました。はるみさんとは，こうたさんがはるみさんに積み木を渡して一緒にあそぶ姿がありました。時間の経過とともに，こうたさんから友だちにはたらきかける姿や，友だちを意識している様子が見られるようになったのです。

　他者と意思を伝え合い，交流を図る「コミュニケーション」は，そのための「技術」（スキル）が必要なことはもちろんですが，その発達を促し支えるのは子どもの内面と言えます。楽しく充実した学校生活のなかで，他者に「伝えたい内容」がふくらみ，友だちなどの「伝えたい相手」の存在がしっかりと位置づいていくなかで，伝えようとする動機づけが高まります。「伝えたい」という思いの高まりは，自ら友だちにはたらきかける行為につながり，たとえばそこで自分の表現したことが「伝わらない」齟齬が生じたと

しても，「もう一度表現してみよう」というように再度行動を動機づけます。

　子どもの「身近な人や大切な人に伝えたい」という要求（内面）は，コミュニケーションのスキルの獲得・向上を先導するものです。コミュニケーションにかかわる教育実践は，技術的な側面だけではなく，子ども一人ひとりに「伝えたい内容」と「伝えたい相手」の存在がしっかりと位置づく，ゆたかな学校生活がセットでなければならないのです。

　このようなコミュニケーションにかかわる発達的な視点がなければ，教育実践がスキルの獲得に特化した訓練的なものになってしまったり，保護者のねがいの理解が表面的なものにとどまってしまう可能性があります。たとえば，こうたさんのケースでは，保護者が語った「会話ができるようになってほしい」ということばを字義通りに理解するならば，保護者のねがいは「子どもの実態に合っていない」とか，「なんて過大な要求をするのか」と捉えられてしまうかもしれません。しかし，保護者のことばを背景を含めてていねいに読み解き，子どもの発達に見通しを持つならば，そのねがいを踏まえた教育実践を構想することができるのです。

　子育ての営みを通して育まれ，将来を見通すなかでことばとして紡ぎ出されたわが子へのねがい。教師は，その保護者のねがいと真摯に向き合い，より深く捉える努力が大切です。

4　子どもの内面を言語化する

　ともこさんのエピソードです（本書32ページ）。養護学校入学前は集団活動に参加する経験が少なく，友だちとのかかわり方がわからないように見えたともこさん。市橋さんは，友たちが怒ったり，教師に叱られたりすることが「自分へのかかわり」と思っているようだと捉え，ともこさんが「『関わりたい』という自分の『ねがい』をしっかり持っている」と理解します。

　クラスメイトをたたいたり，「ばか」「しね」といったことばを発したりしている子どもの姿を目にした時，教師はそれをやめさせなければならないと考えるでしょう。また，「いけないということをどのように指導しようか」

と考えたりもします。市橋さんも「諭せば諭すほど……そうした行為はどんどんエスカレートします」と記しているように，やめるように促していました。

「他者とかかわりたい，かかわってほしい」というねがいが，ほかの子どもをたたくなどの行為につながっていると考えられる時，その行為をやめさせようという教師の思いは届きにくいかもしれません。対応方法の一つとして，「教師が行為に反応しなければ，それがなくなるのではないか」として，子どもの行為を意図的に無視することも考えられます。しかし，仮にそのような対応によって行為が止まったとしても，人とのかかわりを切望する子どもの思いには応えられていないため，その思いは行為・言動を変えて別の形で表現されることが考えられます。

このような行動上の問題は，「発達要求のあらわれ」と理解されてきました。ともこさんの場合，集団への参加を通してまわりの人への関心が高まり，人とのかかわりをより強く持とうとする発達要求がありながら，それが実現できないことで行動上の問題が生じていると考えられます。学校生活において人とのかかわりを広げていくことによって，たたくなどの行動を必要としないともこさんの発達を見通していくことが大切です。

市橋さんは，ともこさんに対して「そんなことを言ってはいけません」という指導から，ともこさんの内面を想像し「一緒に本を読もうか」「このおもちゃ貸してほしいの？」などということばでかかわるようにしました。教師は，自らの子ども理解を基盤としながら，そのときどきの状況や文脈などから子どもの内面を想像して言語化します。しかし，「このおもちゃ貸してほしいの？」などと言語化したものがその子の内面と一致するとは限りません。言語化したものが大きくズレている可能性もありますし，子どもの内面が混沌とした状態にあるために，子どもからすると「どんなことばもしっくりこない」ということもあるかもしれません。

子どもの内面と教師の言語化したことが一致し，それに対応したかかわりがとられるならば，子どもは自分のことを「わかってもらえた」「理解してもらえた」と感じるでしょう。そして，その積み重ねによって教師への信頼につながります。一方，言語化したものがズレている場合であっても，「子どものことをわかりたい」という思いによってかかわろうとする教師の姿勢

は，少しずつ両者の関係をゆたかにしていくものです。教師のかかわりと試行錯誤が，子どもの側から教師のことばに耳を傾けようとする，関係性の新たな段階へと導いていきます。

5 「困らせる行動」「気になる行動」の視点を変える

　市橋さんは，「おとなを困らせるような行動が見られるようになると，その行動ばかりに目が行き，結果的にマイナスの面ばかりに目がつくようになってしまいます」（本書40ページ）と述べ，「行動一つ一つを気にして『困った行動』だと思うのはやめようと思いました。その行動に『プラスの面』が含まれていないのか──というように『視点を変えてみる』ことにしたのです」と述べています。そのうえで，自分の課題に取り組まず「友だちの課題をやりたがる姿」は，「まわりによく目を向けられるようになった」と捉えるようにしたとしています。

　教師は，「おとなを困らせるような行動」を目の当たりにした時，たとえば，安全を確保し適切な行動をさせるにはどのように対応したらよいかを考え，言動の背景を洞察する余裕がないことがあるかもしれません。しかし，子どもの言動には「子どもなりの理由」（必然性）があります。教師には，場面・状況にそぐわない不適切な言動に感じられたとしても，市橋さんが仮説的に述べているように「友だちへの憧れ」や「自分でやることに価値を見出」しているなど，発達的には重要な意味があることかもしれません。言動の可視化される部分だけに注目してしまうならば，指導・支援にあたって理解すべき子どもなりの「理由」や発達的な「意味」が見えないのです。

　また，教師を「困らせる」ものだけではなく，子どもの行動が「気になる」場合には，その「気になる」面ばかりが目に入ってしまう"バイアス"（偏り）が生じやすいのは，市橋さんが指摘しているとおりです。

　教師は，子どもの理解や見え方が偏った視点に陥りやすいことを自覚したうえで，意識的に視点を変えてみたり，学校生活全般をふり返り子どもが一生懸命に取り組んでいるところなどを探してみることが大切です。また，学

年団をはじめとした同僚教師と子どもについて語り合い，その視点を重ね合わせることによって，子どもの新たな側面が発見できるかもしれません。子どもは場面や状況，かかわる相手（教師・子ども）によって言動や姿を変えます。たとえば，他の教師がかかわっている時に，あるいは他の教室でクラス以外の子どもたちと遊んでいる時に，「いつもと違う姿」を見せることがよくあります。

ヴィゴツキーは，障害のある子どもの健康な面を見なければならないと述べています（ヴィゴツキー，2006）。かならずあるであろう子どもたちの素敵なところを見つけ，それをかかわる人たちと共有しながら子ども理解を深め，さらにゆたかに広げていく取り組みが必要です。

なお，「おとなを困らせるような行動」や「気になる行動」が教師から語られる時には，その特徴や原因を子どものみに求める傾向があります（赤木，2013）。しかし，それは「教師のあり様」によって生じている可能性があることを念頭に置かなければなりません。たとえば，教室の環境調整が適切ではないために，子どもが「わからない」という状況に置かれた「不安」の表明が，教師には「気になる行動」として捉えられている場合もあるのです。

子どもが見せるさまざまな言動について，「良い─悪い」といったような評価的な見方を一旦置き，視点を変えて検討することが大切なのです。

6　「できる─できない」を超えて

再び，しんいちさんを例に考えましょう。文字について「上手に書けるようになりたい」とねがいつつ，「やってみたい。でも……」「うまくできないのは嫌だ」という気持ちが強く，書く行動に移すことができなかったのはなぜでしょうか（本書17ページ）。

しんいちさんの発達段階は，4歳を過ぎたころにありました。発達的には「できる─できない」がよくわかり，他者からの期待や評価にも敏感な時期です。それゆえに，自分に対する評価も「できる─できない」といった結果に陥りがちな特徴があり，まだ「できるまでのプロセス」を見つめ，そこで

がんばっている自分を評価することが難しい段階にあります（藤野，2015）。この段階では，これまでできていたことができなくなるなどを含め，行動が萎縮してしまうことも発達的な特徴です。

　この段階の子どもが葛藤する，尻込みするなどの一見ネガティブに見える現象のなかには，「自分の『できる―できない』を理解する」あるいは「他者から自分がどのように見られているのか理解する」といった発達的な側面があります。つまり，自分についての理解が進む発達的に〈ポジティブな面〉があるからこそ，一見〈ネガティブな言動〉も現れるのです。

　子どもが「やってみたい。でも……」などと悩み葛藤している時，教師の側が「できる―できない」の二分的評価にとらわれ，できるための指導を急いでしまうことがあります。また，「障害特性」などという理解にとどまってしまう場合もあるようです。

　子どもの気持ちの揺れを含めて取り組みの過程を共感的に受け止め，価値あるものとしてフィードバックしていくことによって，「できる―できない」だけではない多面的な評価軸を育んでいくことが大切です（藤野，2015）。

7　発達のプロセスとして理解する

　1年生の終わりから2年生にかけて，教師の顔をぱちんぱちんとたたいてしまうこうたさん。市橋さんは，「『たたく』という行為だけを見るのではなく，その原因と発達段階に注目するように」したとして，次のように述べています。「こうた君のなかには『伝えたい』思いがいっぱい詰まっています。でもそれを『伝える手段』がまだ少ないため，十分に伝えきれずにいます。自分は伝えているのに，その意図を正しく相手に汲み取ってもらえないこともあります」（本書23ページ）。

　学校生活が充実し，日々の活動が楽しく手ごたえや喜びを感じるほどに，「もっとしたい」「自分でやりたい」というこころが育まれていきます。このような自我の発達は，発達的には1歳半での重要な課題となります。

　この段階の子どもの特徴として，自分の意図が出てくるがゆえに相手の意

図とぶつかってしまうことや，自分の意図をまだことばでうまく表現できないこと，自分でやりたい気持ちがあるのにそれを発揮する場がないなどがあり，それを踏まえた対応が重要です（藤野，2015）。

　こうたさんが教師の顔をたたく行為は，ネガティブに捉えられがちですが，たとえば行為の背景にある「イヤ」という意思表示には，「相手の意図を理解」していることや，「〜デハナク，〜ダ」といった選ぶちから育っている，発達的側面を見ることができます。

　このように自分の意思を持つ子どもに対して，教師の意図をしっかりと伝えて従わせようとするのではなく，できるだけ本人に選択をさせ，その意思を受け止めていくことが大切です。また，たたく行為の原因を障害のみに求めたり，なくすべき行為として叱責したりすることは誤りです。

　発達のプロセスとして理解し，先に述べた発達要求のあらわれとして教育実践のなかでそれにどのように応えていくか，その検討が求められます。

8　子ども理解に終着点はない

　しんいちさんが突然，「市橋先生，箱ください！」と言ったエピソードはとても印象的です（本書42ページ）。

　市橋さんは，しんいちさんの話から，「箱」というのが隣のクラスの子どもが授業中に使っている「ついたて」であることを理解します。しんいちさんが家庭での環境の変化やクラスの人間関係でストレスをためていると捉えていた市橋さんは，「はるみさんやともこさんからも離れ，自分だけの空間がほしい──それが『箱ください』だったのだと思います。『箱』があれば，誰も入ってこない，自分を守ってくれる──と思ったのかもしれません」としんいちさんの内面を想像しています。

　「箱ください」のことば以前から，しんいちさんのストレスフルな状況を心配し，気分転換をさせたいと考えていた市橋さんですが，「ただ『さえぎるためだけ』の『ついたて』は作りたくありませんでした」と言います。それは，子ども同士のやりとりやかかわりがある朝の会や授業において，「し

んいち君が『ついたて』に入ってしまうと，互いへの意識がなくなってしまう」ことを懸念したからでした。

　市橋さんは，しんいちさんの「箱ください！」という訴えに耳を傾け，そのことばの背景にある「ねがい」や苦しさをていねいに捉えています。しかし，その思いを受け止めるからこそ，（この場合には，しんいちさんのねがいとは異なる）教師としての「子どもへのねがい」がより明確に意識されます。市橋さんは，学校は「『友だち』との関わりのなかで，『先生』から学べないことを学ぶ場」であり，「友だちがやっていたら『やってみよう』と思えるようになってほしい」という，子ども同士の関係を支えにして学び，育つことを子どもたちへのねがいとして持っていました。

　自閉スペクトラム症の「障害特性」を踏まえるならば，「ついたて」は苦痛な刺激をやわらげ，授業に安心して参加するための環境調整の一つとして捉えられます。しかし，市橋さんは「障害特性」への対応といった一般的な理解にとどまらず，しんいちさんの実態をていねいに捉え，発達的な見通しを持つからこそ，遊びの時間や自由な時間に落ち着いて自分の時間を過ごすことができる「段ボールハウス」をつくることにしたのです。しんいちさんも，自分の思いがていねいに受け止められた実感があるからこそ，「ついたて」ではないものに納得できたのではないでしょうか。

　この後，市橋さんにとっては「想定外」のことがいくつも起こります。まず，副担任の川田先生が作った段ボールハウスが，2〜3人が入れるほどの大きなものになったことです。市橋さんは，段ボールハウスの大きさに驚いたと言いますが，この「大きさ」がのちに子どもたちを媒介する重要な役割を果たすことは想定していませんでした。次に，段ボールハウス完成後のしんいちさん行動も想定していなかったと言います。自分の時間を過ごすことができ，気持ちの安定が図られたからかもしれませんが，段ボールハウスにクラスメイトが入ることを認め，マットで「トンネル」を作るなどして，みんなで遊べるように工夫を加えていきます。「狭い空間に体を寄せ合って友だちといることが楽しいよう」な「4人の世界」に導いていったのは，教師ではなく，しんいちさんでした。

　教師は，学校でのあらゆる事柄に見通しを持ち，計画を立てて教育実践に

臨みます。一方，日常では，教師が想像しなかったこと，想定外のことがたくさん起こり，もしかしたらその連続なのかもしれません。また，この「ついたて」の事例のように，子どもの成長・発達が，教師の想定や計画したことを超えて教室の中で顕在化することもあるでしょう。

この事例をふり返ると，「箱ください！」と訴えたしんいちさんのねがいは，市橋さんが仮説的に理解し，本書で言語化したものと一致していたかどうか，正確にはわかりません。もしかしたら実際にはもっと深く，複雑だったのかもしれません。

子どもを理解することに終着点はなく，子どもとのかかわりを通して，またそのプロセスをふり返ることによって，理解の質を高めていきます。

わからないことをわかりたいとねがい，不思議なことに驚き，新たな発見を楽しみながら，子ども理解を深め，子どもとともに成長していく教師のあり様を本事例から学ぶのです。

9　同一教材異目標の授業づくり

特別支援学校における授業は，一般的な小学校・中学校に比べると，少人数で行なわれます。市橋学級も在籍する子どもは4人という少人数ですが，物事に対する興味や関心，学習への意欲や発達段階のほか，必要とされる支援内容も一人ひとり大きく異なります。

個別の教育支援計画や個別の指導計画導入以降，「個別目標の達成に向けた指導を組織するのが授業の設計であるかのような誤解が生まれた」（清水，2012）という指摘もあり，特に国語や算数といった教科の授業は，個別的かつ，訓練的なものになりやすいのかもしれません。また，少人数であっても実態差が大きい集団（クラス）では，授業づくりの綿密な構想と教材・教具の準備に時間がかかり，市橋さんが指摘する「集団学習は無理」という先入観もあるからか，個別的な学習を指向する傾向が見受けられます。

市橋さんは，実態差が大きくても個別的な学習ではなく「一緒に行なったほうが，より学びが深まることはないか」（本書44ページ）と考え，集団によ

る授業に取り組むように工夫を進めてきました。それは，教師に認められているクラスメイトを見て自分も認められたいとがんばったり，「課題の内容が自分には難しくてもほかの子がやっているなら自分もやってみたい」という憧れによって新たなチャレンジにつながるのではないかと考えたからです。

　子どもの実態差が大きい集団での授業は，同一教材異目標（同一活動異目標／同一教材異目的）によって取り組まれます。同一教材異目標の授業とは，同じ教材を用いて同じ場面で学習し，子ども一人ひとりの実態（わかり方・でき方）に応じてそれぞれ異なる目標の学習課題を追求するものです。「同じ教材」を用いて全員で学ぶことは通常学級と同様ですが，通常学級の授業では基本的に実態差があったとしても「全員が同じ目標」に向かって取り組むため，そこが特別支援学校での同一教材異目標の授業との違いになります。

　集団で学ぶことによって，子どもが「人や集団に支えられているという意識をもち，その意識を基に，異目的（異目標）となる自己の学習課題に取り組み，かかわり合うことができる」（吉田，2012）とされます。

　筆者は，市橋実践で紹介されている教育実習生が行った**国語・算数科**「進化系『とんとんとん』」（同47ページ）の授業を参観しました。その学習指導案から，同一教材異目標にかかわる部分を中心に紹介・解説します。

　教室には，机を外したいすに座る4人の子どもたちがいます。その目の前には，段ボールで作られたカラフルなドアが置かれ，絵本『とんとんとん』の世界が立体的に展開されています。

　学習指導案には，「単元（題材）の全体目標」「単元の全体計画」のあとに，4人それぞれの「個別の実態」に対応した「個別の目標」が記載されています。実習生が決めた順番に従って，一人ひとりが「ドアをノックして開ける」という活動に取り組み，他の子どもたちはそれを見ています。「個別の目標」は，

■はるみさん〜「自分も『ノックしてドアを開ける』」ことで絵本の世界観を

国語・算数科
　「合科」の授業です。合科とは，複数の教科を統合し，ひとまとまりのものとして学習させることを言います。

感じることができる」

■しんいちさん〜「自分がドアをノックすることで登場人物になって絵本を
　たのしむことができる」

■ともこさん〜「『赤』『青』など色の名前を教師と一緒に言うことができる」

■こうたさん〜「『●色どれ』の問いに（差し出された色紙に）指さしで正し
　く答えることができる」

　というように，個々に異なっています。授業の展開では，一人ひとりが順
番にドアをノックし開けた後，最後は全員で一緒にドアをノックして開けて
みると……という流れになっています。

　授業の留意点として，「自分が活動していない時も他の友だちがどういう
ふうにやっているか注目するように言葉かけなどをする」と記載されていま
す。ある子どもがドアをノックして開ける姿は，別の子どものモデルとなる
だけでなく，自分の順番が来ることの見通しと期待を持たせ，少しずつ『と
んとんとん』の世界へ誘なっていきます。のちに「子どもたちは互いが感じ
た楽しさを感じ合い，そして互いに高め合うかのよう」（同47ページ）な教室
の雰囲気となり，その雰囲気が一人ひとりの参加への意欲を高め，学びを深
めているように感じられます。この授業は，集団で取り組むからこその学び
があります。

　教師と１対１による学習でも，絵本『とんとんとん』を教材として，「登
場人物になって絵本をたのしむことができる」「『赤』『青』など色の名前を
教師と一緒に言うことができる」といった個別の目標を立てることができま
す。しかし，子どもたちが何に動機づけられて主体的に参加するのか，また
授業を通して広く何を学ぶのかは，「可視化・数値化」して評価することは
できませんが，個別的な学習と集団での学習では学びが大きく異なることは
この実践例から明らかです。

　同一教材異目標の授業づくりにはいくつかポイントがありますが，市橋さ
んの実践から特に学ぶのは「教材の選択」です。たとえば，市橋さんは教材
となる絵本を選ぶ際に「挿絵が親しみやすいこと」「ストーリーにくり返し
があること」「擬音語が多いこと」などを留意点として挙げています。これは，

文字が読めない子どもも楽しめ，くり返しによって「見通し」や「期待感」持つことができ，リズム・テンポといった親しみやすい「音」があるなど，多様な実態にある市橋学級の子どもたちが一緒に参加するための前提となります。これを基盤として，さらに**教材と教具**を工夫し，子ども一人ひとりの学習課題を明確にした授業がつくられていくのです。

10　教師の実践を支えるチームづくり

　特別支援学校での授業は，複数の教師が参加し，一つの学習活動を同時に指導する「ティームティーチング」が基本です。市橋さんのクラスがそうであるように，授業に参加する子どもの興味や関心，学習への意欲や発達段階のほか，必要とされる支援内容も一人ひとり大きく異なります。それゆえに，メインティーチャー（MT）が子どもの様子を見ながら授業全体の進行をし，サブティーチャー（ST）が子ども一人ひとりの状況に合わせて支援を行なうなど，役割分担をしながら共同で授業を進めることが一般的です。複数の教師が共同で取り組むのは，授業以外にもクラスや学年運営，行事などの特別活動もあります。

　市橋さんは，学年の教師集団が「学年全員の子どもたちを，『自分が担任している』という意識でいました。『他人ごとにしない』先生たちが集まった時，とても大きな力になっていたんだということを今あらためて感じています」（本書63ページ）とふり返っています。

　筆者は，この学年が合同で行なう「からだつくり」や「おんがく」「あそび」などの授業を参観させていただきました。多様な実態にある16人の子どもたちが，教師が準備した教材・教具に関心を寄せながら，楽しい活動を通してこころとからだを育んでいました。また，これにかかわる7人の教師

教材と教具
　一般的に教材は，教科書・副読本などをさし，授業において学習を進めるための材料を言います。一方，教具は，黒板・視聴覚機器などを指し，教材の理解を理促するための道具を言います。広い意味での教材は，教具も含み，さらには教育内容を含むことがあります（村上，2012）。たとえば，「段ボールで作られたカラフルなドア」は教具の一つであり，子どもたちを教材と結びつける重要な役割を果たしています。

は，自分のクラス以外の子どももサポートし，子ども同士をつなぐ媒介となっていました。MTとSTの連携の良さと教師たちの明るい雰囲気が，授業の魅力を高めているように感じられました。

学年団教師の連携・共同の背景には，子どもたちの実態を出し合い，意見を交換して授業検討を行ない，子どもたちのさまざまな言動についてもそれぞれの経験や知識を出し合って協議するという，教師集団の意欲的な取り組みがあり，それが「チーム」の基盤となりました。

市橋さんは，この学年団を悩んだり行き詰まったりしながらも，話を聞いてくれる仲間，一緒に考えてくれる仲間がいた，教育観の異なりや経験年数の違いを超えてチームになったとふり返っています。

本書第5章でも述べましたが，教育実践に取り組む教師は，その主体者であるからこそ「悩んだり行き詰まったり」する，いわゆるゆらぐことが必然です。ゆらぎながらも実践に取り組み続けなければならない教師を支えるのは，同僚とそれで構成されるチームです。「教育観の異なりや経験年数の違い」がありながらも子どもを中心にして語り合い，それぞれの認識を重ね合わせていくことによって，このようなチームができました。教師一人ひとりの教育観などに違いがあったとしても，たとえば「一番つらいのは子どもであり，保護者である」といった重要な点で共通認識を持てたことはとても貴重です。

筆者は，先に特別支援学校では「『ティームティーチング』が基本」と記しました。市橋さんはこの学年団のような「(教師)みんなで(子ども)みんなを見る」チームづくりがしたいと述べています。しかし，続けて指摘するように，今日教職員によるチームづくりが簡単にはいかないことも事実です。

　　障害児教育諸学校のばあい，教育目標を定めるときや教育内容・方法を選択する時に，どこまで一人の教師の「思い」というものが出し合われているだろうかと考える。「私はこうしたい，こうありたい」という**わがままな欲求**ともみえる強烈な「思い」がどの程度まで出され，ぶつかり合いを実現しているだろうかと考える(茂木，1987)。

本書で紹介した市橋さんの教育実践は，市橋さんが担任として取り組んできた内容を中心に構成しましたが，背景には教育実践を支え合い，励まし合ってきた同僚たちのチームがありました。

　このようなチームをつくるためのマニュアルはなく，また一朝一夕でできるものでもありません。本書では「ねがい」ということばを使用してきましたが，教師一人ひとりが子どもや教育に対する「思い」を語り合い，時には衝突をしながらも，教育実践で「大切なことは何か」を検討していくこと。それがチームの基盤になることはまちがいありません。

わがままな欲求
　茂木俊彦さんは，「あれも，これもできるようにさせてやりたい，それらができるようになったら，この子らはどんなに幸せだろう，という教師の思い」と説明しています。

赤木和重著『子育てのノロイをほぐしましょう
—— 発達障害の子どもに学ぶ』（日本評論社，2021年）を読んで

　子育てには「正解はない」はずです。しかし，根拠があいまいで，世間の願望とでも言うべき「子育て，かくあるべし」というものが「正解」としてどこからともなく漂ってきて，子育てを縛り，息苦しいものに変えています。赤木さんによれば，この正体が「ノロイという見えないお化け」なのです。

　ノロイには，親や子ども自身にも，それが正しいと思わせてしまう悪い効果（ノロイの内面化）があり，「この言葉や考えはノロイだ」と自覚し，ゆっくりとほぐしていくことが必要だと言います。

　たとえば，「コトバのノロイ」では，子どもが「殺したい」と言えばおとなが「ダメ！」と制止し，「きらい」と言えば「ダメでしょ！」と注意してしまう「コトバを文字通りに受け取り，反応してしまうノロイ」が紹介されています。赤木さんは，子どもは語彙力が不足していたり，興奮したりして，自分の気持ちをそのまま言葉にできるわけではないとし，言葉の裏にある内面を見たり，言葉を一緒に探っていくかかわりが必要であると述べています。

　また，「やればできる」のノロイは，「やってもできない」「がんばってもできない」ことがたくさんあるにもかかわらず，おとなが勝手に「やればできる」基準を設定し，そこに向けて子どもをがんばらせてしまう状況を指しています。そこで，おとなや他児から発せられる「なんでできないの？」という言葉は，「がんばっていない」「さぼっている」という否定的なまなざしとなり，それによって傷つく子どもがでてくると言います。赤木さんは「できる―できない」以外のモノサシや，「できる―できない」の間にある子どもの気持ちをていねいに見つめるモノサシを持てるかが大切だと述べます。

　本書を読み進めると「ノロわれている」自覚が芽生えてきます。それは，「こうあるべき」というものに縛られていることへの気づきであり，他者から求められるより，自分自身が勝手に引き受けてきたもののようです。

　そんなのノロイを「なくす」のではなく，「ほぐす」ことができるならば，自分自身がもっと楽になり，他者との豊かな関係が築けるかもしれない。こんなことを気づかせてもらいました。

【引用・参考文献】

■ はじめに ……………………………………………………………………………………

河合隆平（2023）「子どものねがいに学んで教育権保障の道をひらく──すべての子ども が安心できる学校づくり」『クレスコ』第262号（2023年1月）

■ 第1章 ……………………………………………………………………………………

高垣忠一郎（2004）『生きることと自己肯定感』新日本出版社

小道モコ（2013）『あたし研究〈2〉──自閉症スペクトラム～小道モコの場合』クリエイ ツかもがわ

綾屋紗月（2013）「当事者研究と自己感」石原孝二編『当事者研究の研究』医学書院

綾屋紗月（2019）「社会モデルに基づく自閉スペクトラム症の理解と支援」『月刊保団連』 第1287号（2019年2月）

熊谷晋一郎（2020）『当事者研究──等身大の〈わたし〉の発見と回復』岩波書店

茂木俊彦（2009）「講演録 未来の子どもたちへ──これからの保育・教育と子育て支援」 『日本福祉大学子ども発達学論集』第1号（2009年3月）

楠凡之（2017）『自閉症スペクトラム障害の子どもへの理解と支援』全国障害者問題研究 会出版部

細渕富夫（2020）『障害の重い子どもの発達と生活』全国障害者問題研究会出版部

櫻井宏明（2022）「学校教育と発達診断」白石正久・白石恵理子編『新版 教育と保育のた めの発達診断 上──発達診断の理論』全国障害者問題研究会出版部

増山均（2021）「子どもの権利と学童保育の子ども観・子育て観」日本学童保育学会編『学 童保育研究の課題と展望──日本学童保育学会設立10周年記念誌』明誠書林

小野川文子・小渕隆司・戸田竜也・木戸口正宏（2020）「新型コロナウイルス感染症に関 わる休校・生活制限等による障害児とその家族の生活困難・ニーズ調査結果報告」

■ 第2章 ……………………………………………………………………………………

中央教育審議会（2005）「特別支援教育を推進するための制度の在り方について」

清水貞夫（2020）「特殊教育，特別支援教育，インクルーシブ教育」玉村公二彦・黒田学・ 向井啓二・平沼博将・清水貞夫編著『新版 キーワードブック特別支援教育──インク ルーシブ教育時代の基礎知識』クリエイツかもがわ

越野和之（2023）「通級による指導の現状と論点──文部科学省『通級による指導実施状 況調査』の検討」『障害者問題研究』第50巻第4号（2023年2月）

■ 第3章 ……………………………………………………………………………………

山本民子（2014）『兄弟の育ちゆき』私家版

河合隆平（2018）『発達保障の道──歴史をつなぐ、社会をつくる』全国障害者問題研究 会出版部

猪狩恵美子（2020）「訪問教育」玉村公二彦・黒田学・向井啓二・平沼博将・清水貞夫編著『新版 キーワードブック特別支援教育——インクルーシブ教育時代の基礎知識』クリエイツかもがわ

垂髪あかり（2022）「重症心身障害」藤本文朗・小野川文子監修，小畑耕作・近藤真理子・宮本郷子編著『人権としての特別支援教育』文理閣

小野川文子・高橋智（2019）「全国の特別支援学校寄宿舎の現状と課題——都道府県教育委員会・寄宿舎併設特別支援学校のウエブサイト調査より」『SNEジャーナル』第25巻第1号（2019年10月）

能勢ゆかり（2020）「寄宿舎での生活教育」玉村公二彦・黒田学・向井啓二・平沼博将・清水貞夫編著『新版 キーワードブック特別支援教育——インクルーシブ教育時代の基礎知識』クリエイツかもがわ

小野川文子（2022）「寄宿舎，生活教育などでの学び」藤本文朗・小野川文子監修，小畑耕作・近藤真理子・宮本郷子編著『人権としての特別支援教育』文理閣

柴田久美子（2014）「『"おかえり"から始まる教育』の現代的役割——寄宿舎教育の新たな使命と可能性」二通諭・藤本文朗編『障害児の教育権保障と教育実践の課題——養護学校義務制実施に向けた取り組みに学びながら』群青社

にじいろ福祉会後援会（2020）にじいろ福祉会後援会通信「にじいろサポーター」第19号

セーブ・ザ・チルドレン・ジャパン（2021）「子どもに対するしつけのための体罰等の意識・実態調査結果報告書」

森井智美（2022）「自閉スペクトラム症とトランスジェンダー」『小児内科』第54巻第10号（2022年10月）

齊藤万比古編著（2009）『発達障害が引き起こす二次障害へのケアとサポート』学習研究社

綾屋紗月（2018）「当事者研究からみた学校の生きづらさ」荻上チキ・内田良編著『ブラック校則——理不尽な苦しみの現実』東洋館出版

岩波明（2017）「不寛容化する日本——あまりに厳格なルールの運用で社会の逃げ道が塞がれている」『Voice』第472号（2017年4月）

■ 第4章 ···

下夷美幸（2015）「ケア政策における家族の位置」『家族社会学研究』第27巻第1号

厚生労働省（2006）「今後の社会保障の在り方について」社会保障の在り方に関する懇談会最終報告書

戸田竜也（2015）『「よい子」じゃなくていいんだよ——障害児のきょうだいの育ちと支援』新読書社

澁谷智子（2018）『ヤングケアラー——介護を担う子ども・若者の現実』中央公論社

林明子（2016）『生活保護世帯の子どものライフストーリー——貧困の世代的再生産』勁

草書房

佐藤裕紀子（2021）「『特別の教科 道徳』と連携した小学校家庭科の指導上の留意点——『家族愛，家庭生活の充実』の教材分析を通して」『日本家庭科教育学会誌』第63巻第4号（2021年2月）

■ 第5章 ……………………………………………………………………………………

高見映（2004）『五歳の記憶——ノッポ流子どもとのつき合い方』世界文化社

三浦光哉（2020）「ソーシャルスキルトレーニング（SST）」玉村公二彦・黒田学・向井啓二・平沼博将・清水貞夫編著『新版 キーワードブック特別支援教育——インクルーシブ教育時代の基礎知識』クリエイツかもがわ

川上康則（2022）『教室マルトリートメント』東洋館出版社

吉崎祥司（2014）『「自己責任論」をのりこえる——連帯と「社会的責任」の哲学』学習の友社

黒田学（2020）「自立の捉え方と教育実践」玉村公二彦・黒田学・向井啓二・平沼博将・清水貞夫編著『新版 キーワードブック特別支援教育——インクルーシブ教育時代の基礎知識』クリエイツかもがわ

大久保哲夫（2010）「自立」茂木俊彦［ほか］編『特別支援教育大事典』旬報社

尾崎新編（1999）『「ゆらぐ」ことのできる力——ゆらぎと社会福祉実践』誠信書房

■ 第6章 ……………………………………………………………………………………

白石正久（2014）『発達と指導をつむぐ——教育と療育のための試論』全国障害者問題研究会出版部

ヴィゴツキー（柴田義松・宮坂琇子訳）（2006）『ヴィゴツキー 障害児発達・教育論集』新読書社

赤木和重・岡村由紀子編著（2013）『「気になる子」と言わない保育』ひとなる書房

藤野友紀（2015）『発達を学ぶ 発達に学ぶ——誕生から6歳までの道すじをたどる』全国障害者問題研究会出版部

清水貞夫（2012）「個と集団の指導の両立」渡邉健治・湯浅恭正・清水貞夫編著『キーワードブック特別支援教育の授業づくり——授業創造の基礎知識』クリエイツかもがわ

吉田茂孝（2012）「同一教材異目的追求の授業」渡邉健治・湯浅恭正・清水貞夫編著『キーワードブック特別支援教育の授業づくり——授業創造の基礎知識』クリエイツかもがわ

村上公也（2012）「授業における教具の役割」渡邉健治・湯浅恭正・清水貞夫編著『キーワードブック特別支援教育の授業づくり——授業創造の基礎知識』クリエイツかもがわ

茂木俊彦（1984）『教育実践に共感と科学を』全国障害者問題研究会出版部

おわりに

●子どものせいにしない

「これって子どものせいにしているよね」

「養護学校の先生」になって初めて勤務した学校は，採用10年以内の若い先生が多い，活気にあふれた学校でした。採用1年目は，「初任者研修」があり，その一環で「授業研究」を行なうことになっていました。私は，担当していた高等部のY君との授業で授業研究を行なうことに決め，指導案を書いて2年先輩のI先生に指導案をチェックしていただきました。そのときに言われたのが冒頭の言葉です。

Y君は身長が180㎝もある大柄な自閉症の生徒でした。こだわりが強く，イライラすると，手や足が出てしまうことがありました。

「イライラすると他害をすることがある」。指導案の生徒の実態か配慮事項に確かそんなことを書いたのですが，それをI先生に「子どものせいにしている」と指摘されたのです。

「イライラするのはどうして？」

「手や足が出ちゃうのは，Y君のせい？」

「イライラしてしまうなら，どうしたらいい？」

I先生は言われた意味がわからないでいる私に，ていねいに説明してくれました。アトピー性皮膚炎があり，汗をかいた後などかゆくなってイライラしてしまうこと，血が出るほどかきむしってしまい，それが痛くてイライラしてしまうこと，「自分のなかで決まっていること」が崩れると不安になり，つい手がでてしまうこと……I先生と話をしながら，「他害」の一言でくくっていたY君の行動を「どうして？」「なぜ？」とその背景から考えることができました。

おそらくI先生はこのことを覚えていないでしょうが，私にとっては「子どもをどう理解するか」という，先生としての自分のあり方に大きな影響を

与えてくれた出来事でした。この「子どものせいにしない」は，今も私が大事にし，心がけていることの一つです。あの時，I先生からの指摘がなかったら，いつまでも「できなさ」を子どものせいにしていたかもしれません。

●先生を辞めたくなった時

「養護学校の先生」になって28年目の春を迎えました。この間，順風満帆だったわけではありません。「別な県の採用試験を受け直そうか」と採用試験の情報を調べたり，「もう辞めちゃおうかな」とコンビニで転職雑誌を手に取ったりしたこともありました。「辞めたい」と思った原因の多くは人間関係です。同僚と教育観や指導観が合わない，できなさを子どもや保護者のせいにするような言動，自分に従わせようとするような指導はどうしても許せず，正面からぶつかり，自分も相手も傷つけたこともありました。

「学校に行くの嫌だなあ」──日曜の夜どころか，金曜日には「土日が過ぎたら，また1週間が始まる」と憂鬱になり，日々をどうにかやり過ごすことに精いっぱいだったこともあります。それでも辞めずに今日まで続けているのは，子どもたちや仲間の存在，そしてやはり「特別支援教育の魅力」にはまっているからだと思うのです。

●特別支援教育の魅力

では，特別支援教育の魅力とはなんでしょうか。たくさんありますが，一つは「創造性」ではないかと思っています。

「同じ学年」でも，障害の程度や発達段階が多岐にわたっている子どもたち。普通学校のように「全員同じ」教科書や指導書がないことも多く，「何をどうやって教えるのか」といつも悩みます。悩む──と言うと「大変さ」が先に立ってしまうかもしれません。でも，例えば，「この本を読んだら子どもたちはどんな顔を見せるかな」と子どもたちの姿を思い浮かべながら本を探したり，教材を作ったりするのはわくわくする楽しいことです。「これだ！」と思う教材に出会い，その教材に子どもたちが目をキラキラさせながら手を伸ばすと，それまでの悩みや大変さも吹っ飛んでしまいます。教科書がない分，目の前の子どもたちに合わせてイチから授業を創造できること，

それが「特別支援教育の魅力」の一つです。

　もう一つは，子どもたちのキラキラした輝きに出会えることです。障害のある子どもたちの発達の道筋は，障害のない子どもたちのそれとなんら変わりません。でもその歩みはとてもゆっくりで，偏りもあります。長いあいだ，同じところに立ち止まっているように見えることもあります。障害のある子どもたちは，「できないこと」に焦点が当てられがちです。でも，「指さしができた」「給食を食べられた」「歩いた」など，「ささやか」に思えることに子どもたちが自らつかみ取った，発達の輝きやきらめきを感じることができるのです。

　でも，こうしたことは自分一人ではなかなか気づくことができません。

　放課後の教室や職員室で，仲間とその日の出来事について語り合うなかで自分が気づいていなかったこと，見過ごしていた子どもたちの姿に，価値を見出すことがあります。そうやって子どもについて語り合える「仲間」の存在も特別支援教育の魅力だと思います。

　縁があって，大学で非常勤講師として教育実習の事前指導や特別支援教育の講義をしていたことがあります。また，毎年たくさんの教育実習生も学校を訪れます。実習生のなかには，普通学校での採用が決まっていたり，学校以外の進路先が決まっていたりする方もいます。以前，一般企業に就職が決まっていた実習生が，実習最終日に「もっと早く，特別支援の実習をしたかった。そうしたら教員採用試験を受けたのに」と言ってくれたことがあります。また，「小学校で採用になったが，いつか特別支援教育に関わりたいです」と言ってくれた実習生もいました。大学卒業後，すぐに「特別支援教育」と結びつかなくても，こうして「いつか特別支援教育に――」と思ってくれたことがうれしく，「いつか」のためにタネをまいているということもあるんだなあと思ったのです。

●変わったこと，変わらないこと

　新型コロナウイルス感染症による一斉休校やそれに伴う対策，働き方改革などで，学校は大きく変わりました。第Ⅰ部の実践は，もしかしたら古いやり方で，非効率的と感じる方もいるかもしれません。でも，社会や学校がど

う変わろうと，変わらずに大切にしたいことがあります。それは，目の前の子どもたちを丸ごと捉え，深く理解しようとすること，子どもたちの思いを受け止め，寄り添ってともに歩むこと，そして仲間と一緒に「チーム」を作って実践することです。会議も研修もオンラインが中心となるなかで，「人とつながる」ことが難しくなったように感じています。悩みや不安を抱え，孤独を感じている人もいるのではないでしょうか。でも，悩みを聞き，相談に乗ってくれる仲間は必ずいるはずです。一人でできないこと，がんばれないことも仲間とともに「チーム」ならできることもあります。だからこそ，これからも「チーム」にこだわりたいのです。

　悩んだ時，迷った時に身近な仲間の存在が支えとなるのと同時に，先輩たちの実践に励まされ，学ぶことも多くありました。たくさんの実践が本になっていますが，『人間を大切にするしごと——特別支援教育時代の教師・子ども論』（三木裕和著，全国障害者問題研究会出版部，2008年），『自閉症児が変わるとき——大きな心の土台をつくる』（佐藤比呂二著，群青社，2004年），『子どもが見えてくる実践の記録』（竹沢清著，全国障害者問題研究会出版部，2005年）はくり返し何度も読んでいる本です。誰もが悩み，迷いながらも子どもたちを大切にしながら一歩ずつ歩みを進めている実践記録に，私もがんばろうという勇気や希望をもらえるのです。

●子どもたちが私の「先生」

　初めて勤めた知的障害の学校。右も左もわからず，それまでの「肢体不自由校」と「知的障害校」との「文化の違い」に戸惑いながら毎日を過ごしていました。悩みや戸惑いを月1回の全国障害者問題研究会（全障研）の地域サークルの例会で話したり，レポートにまとめて教研で発表したりしてきました。いろいろな感想や意見をもらうことで，自分の考えを整理し，「問題行動」としか思えなかった子どもたちの姿に次の発達への兆しを捉えることができました。また，一方向からしか見えていなかった子どもの姿を，立体的に捉えられるようにもなりました。こうして論議し，何本かのレポートにしていたものを，一冊にまとめませんか——と戸田竜也先生が声をかけてくださいました。あまり深く考えずに了承しましたが，何か特別なことをしてい

るわけでもないこの実践を本当に本にしていいのかなあと思ったのも事実です。

お子さんの内面理解や保護者の思いなど，あくまでも私が感じたことであり，もしかしたら本来の思いとはかけ離れていたかもしれません。子どもたちと同じように，保護者もまた小学部1年生，初めての学校生活に心配や不安を感じ，「わが子の学校生活は大丈夫だろうか」と思ったこともあるはずです。そんななか，自由にやらせていただき，小1という貴重な学校生活を一緒に過ごすことができたのは，私自身とってかけがえのない大切な時間でした。

当初，4名の子どもたちは実名で登場してもらおうと思っていました。保護者のみなさんからは了承も得ていたのですが，「本人の了承」を得ていないことや昨今の流れから仮名とさせていただきました。

貴重な機会を与えてくださり，私の実践に理論を加えてくださった戸田先生，出版にあたって何度もやり取りをしながらアドバイスをくださった大月書店編集部の森幸子さん，そして何より4名の子どもたちと保護者，ご家族のみなさんには心から感謝とお礼を申し上げます。ありがとうございました。

「先生」と呼ばれる立場ですが，これまで出会った子どもたち，そして保護者やご家族のみなさんからたくさんのこと教えていただきました。子どもたちが私の「先生」です。「子どもたちから学ぶ」。このことを忘れずに，また新たな実践を積み重ねていきたいと思っています。

2023年5月

市橋 博子

＊第Ⅱ部第4章のコラムには，全国障害者問題研究会発行『みんなのねがい』（2003年4〜7月号）に掲載されたマンガ『タケシとトモミ〜兄妹物語』を転載させていただきました。転載のご了解をいただきました，いばさえみさん，そして全障研出版部にお礼申し上げます。　　──戸田 竜也

著者

市橋博子（いちはし・ひろこ）
1972年，北海道生まれ。弘前大学教育学部養護学校教員養成課程卒業。1996年より北海道立特別支援学校勤務。

戸田竜也（とだ・たつや）
1976年，北海道生まれ。埼玉大学大学院教育学研究科修了。現在，北海道教育大学釧路校准教授。公認心理師。公立学校スクールカウンセラー。著書に『「よい子」じゃなくていいんだよ——障害児のきょうだいの育ちと支援』（新読書社），『「特別な教育的ニーズ」をもつ子どもの支援ガイド』（明治図書出版）など。

装画・挿絵　サイトウマサミツ
装丁　　　宮川和夫
DTP　　　編集工房一生社

集団による学びと個の発達をささえる
特別支援教育入門

2023年6月15日　第1刷発行　　　　定価はカバーに表示してあります

著　者　　市橋博子　戸田竜也

発行者　　中川　進

〒113-0033　東京都文京区本郷2-27-16

発行所　株式会社　大月書店

印刷　太平印刷社
製本　中永製本

電話（代表）03-3813-4651　FAX 03-3813-4656　振替00130-7-16387
http://www.otsukishoten.co.jp/

ISBN978-4-272-41268-6　C0037　Printed in Japan